V. 2652
E. 4 a 1-2

24130

MANUEL

DES

AMATEURS DE L'ART,

Tome I.

MANUEL

DES

CURIEUX ET DES AMATEURS DE L'ART,

contenant

une notice abrégée des principaux Graveurs, et un Catalogue raisonné de leurs meilleurs ouvrages; depuis le commencement de la Gravure jusques à nos jours:

Les Artistes rangés par ordre chronologique, et divisés par Ecole.

Par M. HUBER et C. C. H. ROST.

TOME PREMIER.

renfermant l'Ecole Allemande.

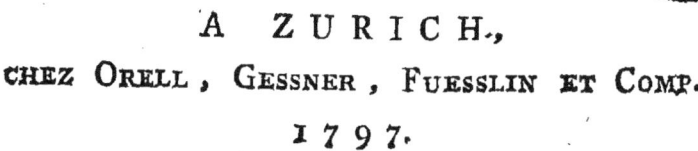

A ZURICH.,

CHEZ ORELL, GESSNER, FUESSLIN ET COMP.

1797.

PREFACE.

Le Catalogue raisonné des principaux graveurs et de leurs ouvrages, par *Jean Caspar Fuesslin*, se trouvant épuisé, les libraires de Zurich, Orell, Gessner, Fuesslin et Compagnie, résolurent d'en donner une nouvelle édition. Convaincus toutefois, que cet ouvrage, pour remplir l'attente d'un public plus instruit, demandoit une augmentation considérable, une refonte générale qui répondit à l'étendue des connoissances artistiques de nos jours. Ils vouloient en charger un homme familiarisé avec tous les objets de curiosités et de beaux-arts. Pour cet effet ils s'adresserent à mon ami M. Rost, qui en faisoit depuis nombre d'années le sujet de ses études, et lui proposerent l'entreprise de ce travail. M. Rost sentit comme ces Messieurs, que, malgré tout ce nombre d'écrits qui traitent de cette branche de l'art, il nous manquoit un ouvrage qui renfermât sur cet objet tout ce qui mérite d'être su; que pour atteindre ce but il falloit procurer au jeune artiste et à l'amateur novice un Manuel classique qui lui tint lieu de maints autres ouvrages, enfin qui fût un guide sûr pour tout curieux qui desire de former une cabinet d'estampes de choix.

Il comprit aussi que l'exécution d'un tel ouvrage demandoit un homme qui pût se livrer entierement à ce travail. Or dans sa position il vit bien qu'une pareille entreprise passoit ses forces, chargé comme il l'étoit d'un fond de tant d'objets de curiosités et d'un détail si considérable.

Dans cet etat des choses, et connnoissant mon goût particulier pour ce genre d'étude, il me persuada facilement de me charger de la majeure partie de l'exécution et d'ecrire l'original

Préface.

en François. Nous pensâmes d'ailleurs qu'un pareil livre devoit être écrit dans une langue plus universelle que l'Allemand, et que l'ouvrage ne pouvoit manquer d'être aussi goûté hors des limites de l'Allemagne. Il fut convenu entre nous, que nous travaillerions de concert. A mesure que je compose, M. Rost traduit d'aprés mon manuscrit, et s'attache, à donner une traduction libre en Allemand. Cepèndant le livre paroîtra dans les deux langues à peu près en même tems

Le présent ouvrage est donc en quelque sorte un plus grand édifice, élevé selon la mesure de nos connoissances actuelles dans cette partie de l'art; et il résulte, que de cet ouvrage de notre auteur on n'a conservé que quelques fondemens. Quoiqu'il en soit, il est toujours certain, que Fuesslin mérite un rang distingué parmi les Historiens des Artistes. Par son Catalogue raisonné il a frayé un chemin, pour conduire plus loin: son livre, quand il parut, étoit ce que les curieux en Allemagne pouvoient choisir de mieux pour consolider leur goût. C'est ce livre qui excita le sentiment de l'art dans l'esprit des jeunes artistes et dans celui des amateurs novices. Ces hommes, formés par notre auteur, sont en état aujourd'hui, de montrer des collections qui font également honneur à leur goût et à leurs connoissances. Si la destinée eut permis à l'estimable auteur, de fournir une plus longue carriere, il auroit jugé nécessaire lui même, de refaire son ouvrage. Aussi dit-il modestement dans la préface de son livre: „Mon travail paroîtra encore „bien imparfait et bien deffectueux; mais j'es-„père, que mes efforts engageront quelque „plume plus habile, de donner quelque chose „de meilleur dans ce genre„.

Au reste, la brièveté est le principal défaut du livre de Fuefslin. Son Catalogue ne renferme que 315. maîtres; tandis que notre Manuel rend compte de plus de 2000. dont aucun ne pouvoit être passé sous silence. De même il fallut aussi augmenter considérable-

Préface

ment les notices des pieces gravées, pour rendre le tout d'une utilité générale. Il devoit résulter de-là une augmentation très-considérable, et un ouvrage plus volumineux.

Les Monogrammes des anciens maîtres ont été vérifiés autant qu'il a été possible. Tout curieux, qui voudra jeter un coup d'oeil sur cette tâche pénible, ne sera pas etonné de voir, qu'on n'a pu donner à une infinité de Chiffres une attribution précise. Cependant nous nous flattons, que toutes les marques rapportées dans notre Manuel sont si bien désignées, que l'amateur sera moins dans le cas d'etre égaré, que dans tous les autres livres qui traitent des Monogrammes.

Quant aux biographies des artistes, mises à la tête de la liste de leurs productions, on pouroit trouver, que quelques unes ont trop d'étendue, et que d'autres pouroient même paroitre superflues : pour tout réponse nous renvoyons le Critique aux sages paroles de Salomon Gefsner dans sa

Préface.

Lettre à notre Fuefslin sur le Paysages, où il s'exprime ainsi:

„— Que je n'oublie pas une observation „que j'ai faite d'après l'expérience: je veux „dire, combien on se sent encouragé, com„bien de fois je me suis senti comme inspi„ré de nouveau, quand j'ai lu l'Histoire de „l'Art et des Artistes. Rien de plus intéres„sant, rien de plus agréable pour moi, que „de connoître le sort de celui dont j'admire „les ouvrages. Dès-lors je redouble de cu„riosité, je m'empresse de rechercher les „ouvrages du maître dont l'histoire et le ca„ractere artistique me sont déja connus par „la lecture de son histoire. Lorsque je vois „la vénération avec laquelle il est parlé des „grands artistes et de leurs travaux, il faut „que cela relève puissamment mon idée de „l'importance de l'art. Lorsque je vois avec „quelle ténacité ils ont travaillé pour parve„nir à cette hauteur de l'art, et pour s'y „maintenir: comment les voyages les plus

Préface.

„ pénibles, les obstacles les plus invincibles,
„ l'indigence la plus absolue, n'ont fait que
„ les exciter, d'employer tous les moyens pour
„ atteindre à leur grand but. Cette considé-
„ ration ne doit-elle pas enflâmer le jeune
„ artiste, ne doit-elle pas le porter d'em-
„ ployer utilement chaque heure du jour,
„ d'être avare de chaque minute de son tems.
„ Egalement les traits de la fortune adverse,
„ lancés contre plus d'un grand maître, peu-
„ vent être pour moi un avis salutaire, com-
„ bien il est essentiel d'ajouter au génie et
„ aux talens les moeurs et la sagesse, pour
„ se procurer par l'art un bonheur solide" *). —

---

*) M. Watelet, si connu en France par la douceur de ses moeurs et par l'étendue de ses connoissances dans les arts et les lettres, avoit lié une étroite amité avec Gefsner dans un voyage à Zurich. Celui-ci, avant de publier la belle édition de ses nouvelles Idylles, lui avoit envoyé la traduction françoise que j'avois faite de sa Lettre à M. Fuefslin, avec prière de la revoir. M. Watelet, préférant l'élégance de la diction à la simplicité de la nature, la changea tellement, que l'auteur eût de la peine à reconnoitre son ouvrage, comme il me le marqua alors lui même;

Je n'ajouterai plus qu'une remarque à cette préface déja un peu longue. Comme nous avons préféré l'ordre chronologique à l'ordre alphabétique, il nous reste à motiver les raisons de préférence. M. Fuefslin a suivi le premier ordre, M. de Heinecke le second. Cependant ce dernier dit lui même dans sa préface à la tête de son Dictionnaire des Artistes, que, si ce n'eût été pour se conformer à l'usage, il eût préféré l'ordre chronologique. „Pour moi", dit-il, „j'aimerois toujours mieux former une Collection selon la Chronologie. En adoptant „cette méthode, on peut voir les progrès de „l'art dans chaque école, sa décadence, sa „régénération" &c. Le plus grand inconvé-

---

mais par égard pour cet ami estimable, il l'inséra à la suite de ses nouvelles Idylles. Dans l'état actuel cette lettre n'a rien conservé du ton de Gefsner ni du style épistolaire; elle ne peut être considérée que comme un bon extrait de l'original. Je ne fais ici cette remarque, que parce que le lecteur ne poura gueres trouver dans la lettre françoise le passage que j'ai inséré ci-dessus d'après mon ancienne traduction.

nient que nous ayons rencontré dans l'exécution, c'est la difficulté de déterminer l'année de la naissance des artistes, pour les ranger en conséquence. Il est vrai, nous savons celle de la plupart; mais nous ignorons souvent celle des autres. Dans ce cas nous avons pris notre parti; nous l'avons fixée par approximation, en nous réglant sur la date de leurs ouvrages, ou sur quelques particularités de leur vie. D'après ces considérations nous croyons, que l'avantage d'offrir une histoire suivie de l'art et des artistes, l'emporte infiniment sur la forme lexique, dont on s'est servi jusqu'ici. D'ailleurs, pour combiner en quelque sorte les deux méthodes, nous avons eu soin d'insérer à la fin de chaque école une liste alphabétique de tous les maîtres de cette école.

Table des Ouvrages

dont on à tiré des notices.

Anonyme.

An Essai upon Prints: containing remarks upon the principles of pitturesque beauty; the different kinds of prints; and the characters of the most noted masters; illustred by criticisme upon particular pieces: to which are added, some cautions that may be usuel in collecting prints. Second edition. London 1768. in 8.

Dans la partie théorique du petit Traité de la Gravure qui sert de base à l'introduction de notre Manuel, l'auteur anonyme s'annonce en homme de goût et en observateur d'esprit; il n'en est pas de même de la partie pratique, où il bronche fréquemment. Dans les caracteres qu'il nous à tracés des plus fameux graveurs, il a tout confondu, et souvent les plus grands maîtres n'y sont pas même nommés. Malgré ces défauts, l'ouvrage ne laisse pas d'être utile, attendu qu'il parle avec sentiment des estampes qu'il décrit.

BASAN.

Dictionnaire des graveurs anciens et modernes, avec une notice des principales estampes qu'ils ont gravées, suivi des Catalogues des Oeuvres de Jacques Jordaens, de Corneille Vischer et de Rubens. 3. Tomes. Paris 1767. in 12.

Basan a été le premier qui nous ait donné un ouvrage méthodique et assez complet sur les estampes; aussi a-t-il été si bien accueilli du public que l'édition en a été epuisée en bien peu d'années. Son Dictionnaire, qui, malgré les fautes dont il fourmille, selon l'expression de Heinecke, a été longtems ce qu'on avoit de mieux, montre un homme qui a beaucoup vu et beaucoup observé.

Dictionnaire des graveurs anciens et modernes, depuis l'origine de la gravure. Par François Basan. Seconde edition, ornée de cinquante estampes, par différens artistes célèbres, avec ou sans ornemens, au gré de l'amateur. 2. Vol. A Paris. 1789. in 8.

L'auteur, ayant amassé d'amples matériaux, se proposoit de donner une nouvelle édition de son Dictionnaire, lorsqu'on lui vola ses manuscrits, comme il me l'a marqué lui même dans le tems. Empêché par ce contretems d'exécuter son projet, il ramassa à la hâte d'autres matériaux et publia cette seconde édition. Mais elle se ressent de la précipitation avec laquelle elle a été faite; elle ne répond pas à l'attente du public. Les nouveaux articles sont pour la plupart insignifians, et ne contiennent bien souvent que ces mots qui ne vous rendent pas bien savans: „Tel artiste à gravé di-„verses pièces d'après différens maîtres &c."

Catalogue raisonné des différens objets de curiosités dans les sciences et les arts qui composoient le Cabinet de feu M. Mariette. Par F. Basan. A Paris 1776. Gr. in 8.

Les Curieux savent, que l'objet le plus intéressant de ce cabinet, étoit la collection d'Estampes, la plus belle et la plus précieuse qui ait jamais été formée. Ce Catalogue est un des plus curieux, sur tout les exemplaires avec les prix. Les amateurs eussent désiré une spécification plus précise des piéces; et personne ne devoit être plus capable de la faire que Basan, lui qui s'est trouvé dans l'heureuse circonstance d'avoir joui des instructions de M. Mariette de son vivant, et même encore après sa mort, ayant eu en maniement cette grande quantité de papiers sur toutes les branches de l'art.

BALDINUCCI.

Racolta di alcuni opuscoli sopra varie materie di Pittura, Scoltura et Architectura, scritti in diverse occasioni da Filippo Baldinucci, con un ragionamento di Francesco Bocchi, sull' excellenza della statua di S. Giorgio fatta da Donatello in Firenze 1765. in 4.

L'éditeur, Dominico Maria Manni, a donné une nouvelle édition de l'ouvrage sur la gravure de Baldinucci sous ce tire:

Comminiciamento e progresso dell' arte dell' intagliare in Rame, colle vite di molti dé più excellenti Maestri della stessa Professione in Firenze. 1767. in 4. — La prèmiere Edition avoit paru en 1686.

Baldinucci, par ses vastes connoissances dans les arts de dessin, se trouva en état de satisfaire la curiosité du Cardinal Léopold de Toscane qui souhaitoit d'avoir une histoire complete de ces arts. L'auteur la fit remonter jusqu'à Cimabué, le restaurateur de la peinture. Il avoit dessin de la poursuivre jusques aux peintres qui vivoient à la fin du dernier siècle. Son projet ne fut exécuté qu'en partie, interrompu par la mort de l'auteur, arrivée en 1696. — Son Traité de la Gravure sur cuivre, avec la Vie des principaux Graveurs, est un ouvrage estimé. Manni, l'éditeur de la dernière édition, n'a rien ajouté par ses notes au mérite de l'ouvrage.

BIBLIOTHECK.

Bibliotheck der schönen Wissenschaften und freyen Künste, ou:

Bibliothéque des Belles-Lettres et des Beaux-Arts, 12. Tomes, chacun divisé en 2. Parties. Leipzig 1756. jusqu'en 1765. in 8.

Neue Bibliotheck der schönen Wissenschaften und freyen Künste, ou:

Nouvelle Bibliothéque des Belles-Lettres et des Beaux-Arts. 59. Volumes, divisés de même chaque Volume en 2. Parties. Leipzig, depuis 1765. jusquen 1797. in 8. Il se continue.

Ce journal, un des premiers et des meilleurs, dont l'Allemagne puisse s'applaudir, a pour objet principal les Lettres et les Arts. Il fut commencé par les célèbres auteurs des Lettres sur la Littérature, dont les principaux coopérateurs étoint Lessing, Mosès Mendelsohn, Nicolaï, et quelques autres. Après le quatrième volume, la redaction de ce Journal fut confiée à un homme déja connu par des ouvrages de goût et d'esprit, à Chrétien Felix Weisse. Cet homme, amant passionné de tout ce qui est bon et beau, rédige ce journal depuis plus de quarante ans, à la grande satisfaction de tous ceux qui aiment les Lettres et les Arts. Chaque partie commence par des dissertions philosophiques ou littèraires, par de grands extraits d'ouvrages divers, et par des notices générales de toutes les productions des arts et des lettres qui paroissent en Europe.

BOTTARI.

Racolta di lettere sulla Pittura, Scoltura e Architettura, da piu celebri personnagi dal Seculo XV. al XVII. Roma 1754. 7. Vol. in 8.

Ce Recueil très-intéressant par rapport à plusieurs objets touchant les arts, a été formé par les soins de M. Martini, Gentilhomme de Florence, de M. Lusfort peintre célèbre de la même ville, et du Cardinal Alexandre Albani. C'est le savant Prélat Bottari qui a été l'éditeur de cet ouvrage, un des plus grands connoisseurs en estampes.

Le Professeur CHRIST.

Dictionnaire des Monogrammes, Chiffres, Lettres initiales, Logogriphes, Rébus, sous lesquels les Peintres, les Graveurs et les Dessinateurs ont désigné leurs noms. Traduit de l'Allemand en François par M. Sellius, et augmenté de plusieurs Supplémens. A Paris 1750. in 8. — L'Original avoit paru à Leipzig en 1747. en un Vol. in 8.

Le Professeur Christ, dans l'intention de donner une explication des chiffres, dont les anciennes gravures sont marquées, avoit formé une assez ample Collection de ces anciennes pièces, surtout d'anciennes pièces allemandes; et pour acquérir quelques connoissances pratiques de l'art, il s'étoit exercé, avec bien peu de succès, à graver à l'eau forte: En général il règne beaucoup de confusion et de mauvais raisonnemens dans ses explications; mais jusqu'ici il n'a rien paru de mieux.

Descamps.

La Vie des Peintres Flamands, Allemands et Hollandois, ornée de jolies Vignettes qui renferment les Portraits des Artistes, par M. J. B. Descamps &c. IV. Tomes. A Paris 1763. Gr. in 8.

Descamps est encore auteur d'un Voyage pittoresque dans les Pays-Bas, ouvrage estimé des connoisseurs. Feu M. de Hagedorn a fait une Critique judicieuse de la Vie des Peintres de Descamps, dans les Tomes IX. et X. de la Bibliothéque des Belles-Lettres et des Beaux-Arts. Le Critique juge cet ouvrage, à bien des égards, digne de l'approbation des connoisseurs, malgré ses défauts, dont les plus essentiels sont les nombreuses inexactitudes. Il reproche à l'auteur, d'être constamment plus occupé de l'arrondissement de sa phrase, que de l'exposition vraie de l'histoire de son artiste.

Dezzallier d'Argenville, Pere.

Abrégé de la Vie des plus fameux Peintres, avec leurs Portraits gravés en taille douce, les indications de leurs principaux ouvrages, & quelques réflexions sur leurs caracteres et la manière de connoître les dessins et les tableaux des grands

Maîtres. Par Antoine Joseph d'Argenville, IV. *Tomes. A Paris*, 1762. Gr. in 8.

La parti qu'on estime le plus dans la Vie des Peintres de d'Argenville est celle des Peintres François. Plus exacte en général que Descamps, il fait connoître l'ecole de sa nation avec assez d'impartialité. Ce qui le distingue encore de Descamps, et dont les amateurs lui savent gré, est qu'il rapporte les noms des graveurs qui ont travaillé d'après les peintres, avec l'indication des eaux fortes de ceux-ci, ainsi que le nombre des pieces gravées d'après chaque maître; ce que n'est pas, et ne peut pas toujours être exact. D'ailleurs on reproche à l'auteur un ton précieux et de la diffusion dans le style.

Dezallier d'Argenville, Fils.

Voyage pittoresque de Paris, ou indication de tout ce qu'il y a de plus beau dans cette grande ville, en Peinture, Sculpture et Architecture, par Antoine-Nicolas d'Argenville, fils. Cinquieme édition. A Paris 1770. *in* 12.

Depuis la fameuse révolution en France, la scene de Paris est bien changée: beaucoup de belles choses sont déplacées, beaucoup d'autres de peu d'utilité au voyageur pittoresque; il ne poura servir d'orénavant qu'à lui retracer dans la mèmoire les tristes effets des discordes civiles.

Voyage pittoresques des environs de Paris, ou Description des Maisons Royales, Châteaux et autres Lieux de Plaisance, situés à quinze lieues aux environs de cette Ville. Par le même. Troisieme édition. A. Paris 1768. in 12.

Les remarques que nous avons faites sur l'ouvrage précédent, sont aussi appliquables à celui-ci. Les choses et les lieux ont également éprouvés la dégradation et la destruction. Cependant les descriptions de tant de châteaux, de tant de maisons royales, sont encore intéressantes pour l'observateur philosophe, et par ce qu'elles ont été et par ce qu'elles sont.

Jean Evelyn.

Sculptura. Or the History and Art of Chalcographie, and Engraving in copper. London 1662. in 8.

Cet ouvrage, dont je ne connois aucune traduction, traite de la gravure en cuivre, et contient principalement les procédés de cet art. Evelyn, qui s'est distingué dans les arts et les lettres, a fait quelques eaux fortes, dont nous parlerons à son article dans l'Ecole Angloise.

Florent le Comte.

Cabinet des Singularites d'Architecture, Peinture, Sculpture et Gravure, par Florent le Comte, Peintre et Sculpteur Parisien. III. Vol. A Paris 1699. in 12.

On ne connoît aucun ouvrage de l'art de cet artiste, ni en peinture, ni en sculptnre; et s'il en existe, il est à présumer qu'ils ne méritent pas d'être connus. Les curieux ont longtems recherché son livre pour les notions qu'il y donne du caractere, des marques et du nombre des pièces des différens graveurs. Les François n'ont gueres de livres aussi mal écrits que celui-ci, et l'histoire des artistes est exposé d'une manière si confuse qu'elle dégoûte d'en poursuivre la lecture.

J. C. Fueslin.

Johann Caspar Fueſslin Raisonirendes Verzeichniſs — C'est à dire: *Catalogue raisonné des principaux Graveurs et de leurs ouvrages, à l'usage des Curieux et des Amateurs. Par Jean Caspar Fueſslin. A Zurich chez*

Orell, Gessner, Fuesslin et Compagnie. 1771. *Gr. in* 8.

Nous n'ajouterons rien à ce titre, le public étant déja prévenu, que ce Catalogue raisonné est la base de notre Manuel.

Johann Caspar Fuesslin Geschichte der besten Künstler in der Schweitz. — C'est à dire: *Histoire des meilleurs Artistes de la Suisse. Par le même. Avec les portraits de chaque artiste, gravés par Jean Rudolphe Fuesli, J. R. Schellenberg, J. R. Holzhalb, J. H. Lips &c. V. Vol. Zurich,* 1769—1779. *Gr in* 8.

L'auteur a bien mérité de la patrie par cette Histoire des meilleurs Artistes de la Suisse. Cet ouvrage, écrit avec un ton de candeur, est trés-utile aux jeunes gens par les bons conseils qu'il leur donne. On désireroit, d'y trouver plus de précision.

J. R. FUESSLIN.

Allgemeines Künstlerlexicon. &c. — C'est à dire: *Dictionnaire universel des Artistes anciens et modernes, ou courtes notices de la Vie et des Ouvrages des Peintres, Sculpteurs, Architectes, Graveurs, Fondeurs, Ciseleurs, &c. Avec un Catalogue des Portraits gravés des Artis-*

tes, par Jean Rodolphe Fuesslin. Zurich. 1779. Gr. in fol.

Ce Dictionnaire nous offre sans contredit l'ouvrage le plus complet, de tous ceux qui existent dans ce genre. L'auteur qui rapporte les notices de plus de dix mille maîtres, a extrait sur l'art et les artistes, non seulement tout ce qu'on a écrit en Italie, en France, en Allemagne, en Hollande et en Angleterre, mais encore tout ce que les anciens nous ont laissé sur cette matiere. L'édition in folio, que nous rapportons ici, a de grands avantages sur celle in 4. avec les Supplémens. J'apprens de Zurich, que depuis la mort de l'auteur, le fils prépare une nouvelle édition d'après les nouveaux matériaux que le pere avoit amassés pour cet objet. On parle aussi d'une traduction françoise de cet ouvrage.

GANDELINI.

Notizie istoriche degl'Intagliatori. Opera di Giov. Gori Gandellini, Sienese &c. — Notices historiques des Graveurs, par Jean Gori Gandellini, Siennois. III. Vol. A Sienne 1771. in 8.

On a dit avec raison, que ceux, qui donnent de notices sur les artistes, devroient consulter préférablement les écrivains du pays des artistes. Aussi l'ouvrage de Gandellini est-il surtout recommandable, envisagé sous ce point de vue, par les bonnes notes qu'il donne sur les graveurs Italiens dont nous avons des estampes. Du reste cet ouvrage fourmille de fautes, et les noms des artistes des autres pays sont pour la plupart tellement estropiés, qu'on a de la peine à les deviner, ce qui peut venir aussi de ce que ce livre a été imprimé après la mort de l'auteur. La nouvelle Bibliotheque des Beaux Arts renferme en quatre extraits une très-bonne Critique du livre de Gandinelli, faite par M. de Heinecke. V. *Neue Bibliotheck der fchoenen Wissenschaften und freyen Künste. Band* XVII. XVIII. XIX. XXI. *Leipzig* 1775—1778.

GERSAINT.

Catalogue raisonné des divers objets de curiosités du Cabinet de feu M. Quentin de Lorangere, composé d'une très nombreuse Collection d'Estampes de toutes les Ecoles — Par E. F. Gersaint. A Paris 1744. *in* 12.

XXIV.

Gersaint, homme de gout et grand connoisseur de tous les objets relatifs aux arts, a été le premier à donner un Catalogue vraiment raisonné. Dans celui-ci, outre la specification des pièces les plus marquées du cabinet en question, il y a publié les Oeuvres entiers de Callot, de la Belle, le Clerc, et plusieurs autres moins considerables. Ce Volume est terminé par une table alphabétique des peintres et des graveurs, dont il est question dans le Catalogue. On ne peut indiquer avec plus de briéveté les qualités qui caracterisent les maîtres dont il y est parlé. Les Catalogues des Cabinets de la Roque et de Fonspertuis, quoique bien faits, n'ont pas le même intérêt pour les curieux en estampes.

Catalogue raisonné de toutes les pièces qui forment l'œuvre de Rembrandt, composé par feu M. Gersaint, et mis au jour avec les augmentations nécessaires par les Sieurs Helle et Glomy. A Paris, 1751. *in* 12.

On a ajouté à ce Catalogue: *Supplement au Catalogue raisonné de M. M. Gersaint, Helle et Glomy, de toutes les pièces qui forment l'œuvre de Rembrandt, par Pierre Yver. A Amsterdam 1756. in 12.*

Ce Catalogue, avec ces diverses augmentations, est sans contredit le mieux détaillé et le plus complet de tous ceux qui existent, et cela par les soins des éditeurs qui possédoient dans ce genre de grandes connoissances, acquises par l'arrangement de plusieurs cabinets et par les ventes fréquentes dont ils étoient chargés.

HAGEDORN.

Lettre à un Amateur de la Peinture, avec des Eclaircissemens sur un Cabinet et les Auteurs des Tableaux qui le composent. Ouvrage entremêlé de diggressions sur la Vie de plusieurs Peintres modernes. A Dresde 1755. in 8.

L'auteur, à l'occasion de la description de son Cabinet de tableaux, fait connoître plusieurs artistes dont on chercheroit vainement ailleurs des notices.

Betrachtungen über die Mahlerey, von C. L. von Hagedorn. — Réfléxions sur la Peinture, par Christian-Louis de Hagedorn, traduites en François par Michel Huber. II. Vol. A Leipzig, 1775. in 8.

M. de Hagedorn, par sa Lettre à un Amateur, avoit jeté les fondemens de ses Réfléxions sur la Peinture. Dans cet ouvrage, un des plus méthodiques qu'il y ait, il traite en homme maître de sa matière toutes les parties de la Peinture, en traçant le caractère de chaque Peintre. Les connoisseurs ont été principalement satisfaits de la manière qu'il a discuté le Paysage et ses divers genres, ainsi que de la façon qu'il a caractérisé les différens Paysagistes.

DE HEINECKE.

Nachrichten von Künstlern und Kunstsachen — Mémoires sur les Artistes et les Arts. II. *Vol. Leipzig* 1768. 1769. *in* 8.

Le premier Volume de ces Mémoires renferme des notices sur différens artistes; il est terminé par la Vie de Marc-Antoine, traduite en Allemand d'après l'Italien de Vasari et éclaircie de beaucoup de remarques, et par le Catalogue raisonné de tout l'oeuvre de Michel-Ange. — Le second traite principalement de la découverte de l'Imprimerie et de l'invention de la Gravure en taille. Il est terminé par le Catalogue de l'oeuvre de Raphael.

Neue Nachrichten von Künstlern und Kunstsachen. — Nouveaux Mémoires sur les Artistes et les Arts. Premiere Partie. Dresde et Leipzig. 1786. *in* 8.

Cette nouvelle partie des Mémoires artistiques, renferme des notices sur plusieurs artistes modernes, des remarques critiques sur le Traité de la Gravure en bois par Papillon, un Caatlogue raisonné de toutes les tailles de bois d'Albert Durer, nouvel Essai sur l'imprimerie et sur les anciens livres ornés de tailles de bois, suivi d'une Esquisse de l'histoire de la Gravure des vieux maîtres Allemands, avec une spécification des pièces inconnues, marquées seulement par des chiffres &c. Le tout terminé par les Catalogues raisonnés des Oeuvres de Martin Schoen et d'Israel von Mécheln.

Idée générale d'une collection complète d'Estampes. Avec une Dissertation sur l'origine de la Gravure et sur les premiers livres d'Images. A Leipzig et à Vienne. 1771. *Gr. in* 8.

Dans ce livre M. de Heinecke rend compte de quelle manière il a arrangé le cabinet d'Estampes de Dresde. Il l'a distribué en douze Classes. I. Les Galeries, les Cabinets et les

Recueils publiés en estampes. II. L'Ecole Italienne, les maîtres rangés par ordre alphabetique, d'abord les peintres, puis les graveurs. III. L'Ecole Françoise, rangée de même. IV. L'Ecole Flamande, à laquelle on joint l'école Hollandoise. V. L'Ecole Angloise, ou les estampes gravées par les artistes Anglois. VI. L'Ecole Allemande ancienne et moderne. C'est à l'article de cette école que l'auteur a inséré sa Dissertation sur l'origine de la Gravure et qui contient la moitié du Livre. VII. Les Portraits, soit détachés, soit faisant suite dans des livres. VIII. Les Ouvrages gravés, et les livres ornés de figures, relatives à la Sculpture et à l'Architecture. IX. Les Antiquités et les livres qui y ont du rapport. X. Les Cérémonies, les Solemnités, les Ordres de Chevalerie, les Généalogies, les Funérailles, les livres d'Hâbillemens, de Modes et d'Emblêmes. XI. Les Livres qui traitent de l'Art en général et en particulier, mais seulement ceux qui sont ornés de planches gravées. XII. Les Dessins, soit séparés, soit formant des suites, le tout arrangé suivant l'ordre du Cabinet de Dessin de Dresde.

Dictionnaire des Artistes dont nous avons des Estampes avec une Notice détaillée de leurs ouvrages gravés. Tome I. II. III. IV. *contenant les lettres* A. B. C. DI. *A Leipzig* 1778. 1788. 1789. 1790. *Gr. in* 8.

M. de Heinecke, qui a fourni une carrière de plus de quatre-vingts ans, et qui s'est appliqué plus de la moitié de ce tems pour acquérir la connoissance des estampes, a parcouru, comme il nous l'apprend lui même, tous les fameux Cabinets de ce genre de curiosité, a connu personnellement les curieux de tous les pays; à Paris un Mariette, un Cochin; en Italie un Bottari, un Zanetti, &c. Par ses liaisons & par ses voyages, il s'est mis en état de former la belle collection du Cabinet d'Estampes de Dresde et de pouvoir entreprendre la publication de son grand Dictionnaire. Malgré les défauts de ce livre, causés en grande partie par l'insertion de ce nombre d'artistes insignifians et de mauvaises Copies qui n'intéressent personne, les connoisseurs regretent sa discontinuation, occasionnée par la mort de l'auteur. D'ailleurs l'ouvrage est achevé. Le manuscript, en vingt-quatre Volumes in Fol. qui pouroient être réduits en douze Tomes in 8. est déposé à la Bibliothéque Electorale de Dresde.

Mariette.

L'ouvrage le plus considérable de Pierre-Jean Mariette, et celui qui lui à fait le plus d'honneur parmi les amateurs de ce genre d'antiquité, est son Traité des Pièrres gravées, imprimé à Paris en 1750. en deux Volumes gr. in 4. ouvrage devenu rare. Il est auteur des Vies des Peintres qu'on trouve à la tête du Recueil du Cabinet de Tableaux de Crozat, et de celles des Cabinets de Boyer d'Aiguilles d'Aix et du Marquis de Gerini à Florence, ainsi que des déscriptions des planches gravées d'après les tableaux de ces cabinets. Mariette, un des plus grands connoisseurs en fait d'estampes, à beaucoup écrit sur cette matiere; il fait seulement regréter qu'il n'ait pas publié ces écrits. Jeune encore, il fut appelé à Vienne, pour dresser le Catalogue des Estampes, que l'illustre Prince Eugene avoit amassées à grands fraix, et achetées en grande partie de Jean Mariette. Il avoit placé à la tête de chaque Volume de cette fameuse Collection, qui se conserve aujourd'hui à la Bibliothèque Impériale de Vienne, des remarques sur les maitres et une description des pièces y contenues. A la mort de son pere il se trouva possesseur d'une superbe collection d'Estampes, et dans l'heureuse circonstance de pouvoir la compléter et de suivre son goût pour les voyages et pour les liaisons littéraires. Il parcourut la Hollande, l'Allemagne et l'Italie, et partout il fréquenta les artistes et les savans.

MAROLLES.

Catalogue de livres d'Estampes et de Figures en taille douce, avec un denombrement des pièces qui y sont contenues; fait à Paris en l'annee 1666. par M. de Marolles, Abbé de Villeloin. In 8. A ce Catalogue on joint un autre, intitulé de méme, fait à Paris en 1672.

C'est ici un des premiers livers françois sur les estampes. Ce qu'on y trouve de mieux dans Marolles, c'est d'avoir indiqué le nombre des pieces gravées d'après chaque peintre ou par chaque graveur. Malheureusement on ne peut pas toujours s'y fier. Il confond tout: le nom du sujet représenté sur l'estampe, et l'auteur du livre dans lequel l'estampe se trouve. Son livre est rempli de méprises, et il a impitoyablement estropié les noms des artistes étrangers. Le Comte à encore renchéri sur Marolles par de nouvelles bévues.

MEUSEL.

Miscelaneen artistischen Inhalts. — Mélanges artistiques, publiés par Jean-George Meusel, Conseiller aulique de la Cour de Brandebourg Quedlenbourg, Professeur ordinaire de l'Histoire, d'abord a l'Université d'Erfort, puis à celle d'Erlangue, et Membre de plusieurs Académies 30. Cahiers. V. Vol. Erfort 1779—1785. in 8.

Museum für Künstler und für Liebhaber. — Musée pour les Artistes et pour les Amateurs, ou Continuation des Mélanges artistiques, publiés par le même. III. Vol. 18. Cahiers. A Manheim 1787—1791. In 8.

Neues Museum. — Nouveau Musée pour les Artistes et les Amateurs. Publié par J. G. Meusel 4. Cahiers, Leipzig 1795. in 8.

Neue

Neue Miscellaneen. — Nouveaux Mélanges artistiques par Jean G. Meusel. Continuation du *nouveau Musée pour les Artistes et pour les Amateurs.* 1. Cahier. Leipzig 1795.

M. Meusel, Redacteur de ces différentes feuilles périodiques, qui toutes ont les progrès de l'art pour objet, paroît avoir été très-bien servi par ses Correspondans, sur tout par ses Correspondans de la Suisse. Elles renferment de bons memoires sur les Arts et les Artistes, avec d'excellens Catalogues de nombre d'estampes que nous avons insérées dans notre Manuel.

Teutsches Künstlerlexicon, oder Verzeichnifs der jetzt lebenden teutschen Künstler. — Dictionnaire, ou Catalogue des Artistes Allemands vivans. Avec une notice des Bibliothéques remarquables, des Cabinets de Médailles, de Curiosités et d'Histoire naturelle en Allemagne et en Suisse, par le même, Deux Parties. Lemgo 1778—1789. *in* 8.

C'etoit un bon projet que celui de M. Meusel, de nous donner un Dictionnaire des Artistes vivans Allemands; mais l'exécution

)( )( )(

n'y a pas répondu. Toute la premiere Partie est comme nulle, tant elle est fautive à tous égards. L'auteur se plaint des difficultés qu'il y a éprouvé, et du peu de secours qu'il a eu de la part des Artistes. — Enfin M. Meusel, pour bien mériter des amateurs de son pays, devroit recommencer son travail d'après de meilleurs modeles; car dans l'état actuel où se trouve son ouvrage, nous n'avons gueres de livres plus mal imprimé ni plus chargé de fautes de toutes espèces.

Papillon.

Traité historique et pratique de la Gravure en bois, par J. M. Papillon, Graveur en bois et ancien Associé de la Société académique des Arts. Tome I. contenant toute la partie historique. Tome II. contenant tous les principes de cet art. A Paris 1766. Gr. in 8.

„Papillon„ (dit M. de Heinecke, dans son Idée générale d'une Collection conplète d'Estampes, page 150.) „a ren- „cheri sur toutes les absurdités, avancées par „Marolles et par Florent le Comte au „sujet des anciennes tailles de bois. Son livre

„ est tellement rempli d'erreurs, de fables, &
„ de minuties, qu'il ne vaut pas la peine d'être
„ réfuté. Cependant je suis convaincu que
„ l'auteur, dont je connois le caractere, a
„ écrit tout cela de bonne fois, sans en savoir
„ davantage ,,. Je suis pourtant persuadé qu'on
ne fait pas mal d'avertir les lecteurs de se tenir
sur leurs gardes contre certains auteurs, qui
peuvent les induire en erreur.

SANDRART.

Joachim von Sandrart teutsche Academie der Bau-Bild-Mahler- und Stecher-Kunst — Académie d'Architecture, de Sculpture, de Peinture et de Gravure &c. avec les Portraits des Artistes et quantité d'autres planches. A Nuremberg 1679. II. Vol. Gr. in folio.

La Partie qui contient les Artistes a été traduite en Latin et augmentée. Elle fut imprimé à Nuremberg en 1683. gr. in fol. avec les mêmes Portraits des Artistes.

Le livre de Sandrart est le premier grand ouvrage qui a paru sur les Arts en général; et quoiqu'il ne soit pas exempt de défauts, c'est un prodige d'exécution, si l'on veut con-

considérer l'époque où il a paru. Passionné pour son art, on ne peut témoigner plus d'amour pur la peinture que cet Artiste n'en a montré pendant le cours d'une longue vie. — Voyez l'article de Sandrart dans notre Manuel.

STRUTT.

A Biographical Dictionary, containing an historical account of all the Engravers from the earliest period of the art of Engraving tho the present time; and short list of their most esteemed works. With the Cyphers Monograms, and particular Marks, used by each Master, accurately copied from the originals and properly explained. To which is prefixed, an Esay on the Rise and Progress of the Art of Engraving, both on Copper and on Wood. With several curious spécimens of the performences of the most ancient Artists. By Joseph Strutt, Vol I. II. London 1785. Gr. in 4.

Dictionnaire biographique, contenant un précis historique de tous les Graveurs, depuis la premiere période de l'art de graver, jusqu'au tems présent, et une liste abrégée de leurs ouvrages les plus estimés, avec les Chiffres, Monogrammes et Marques particulieres, employés par chaque Maître, copiés exactement d'après les originaux et proprement figurés. Précédés d'un Essai sur l'origine et les progrès de l'art de graver, tant en cuivre qu'en bois, avec nombre de pièces gravées qui caractérisent les manieres des plus anciens Maîtres. Par Joseph Strutt.

L'auteur de cet ouvrage, habile graveur dans la maniere pointillée, se vante, dans la préface de son Dictionnaire, d'avoir porté le nombre des Artistes à plus de trois mille, tandis que celui de Basan n'en contient que mille. Mais le nombre n'y fait rien; surtout si on considère ce grand nombre de graveurs obscurs et insignifians qu'il a inserés. On lui sauroit plus de gré s'il nous avoit donné de bonnes notices sur les graveurs vivans de son pays et une liste fidele de leurs principaux ouvrages. Et c'est justement ceux-là qu'il passe sous silence, sans doute de peur de blesser l'amour propre de quelques uns de ses compatriotes. Mais en quoi l'ouvrage de Strutt est recommendable, c'est de s'être annoncé en Artiste qui a réfléchi sur la théorie et la pratique de son art en caractérisant les manieres de chaque graveur. Quant à l'origine de la gravure, il monte un peu haut. A l'exemple de quelques uns de ses compatriotes ou d'un Papillon, il la fait dériver des Hebreux, des Egyptiens, des Phéniciens, Babyloniens &c.

VASARI.

Vite de più excellenti Pittori, Scultori e Architetti. Giorgio Vasari. Tom. I. II. III. Roma 1759. *in* 4.

On reproche à Vasari des inexactitudes et de la partialité en faveur des Artistes Florentins. Les Vies des meilleurs Peintres, Sculpteurs et Architectes Italiens avoient paru à Florence, en 3. Volumes, avec les Portrait des Artistes gravés en bois. Les curieux recherchent encore l'ancienne édition de Florence de 1568. La nouvelle édition, dont les portraits sont gravés à l'eau forte, a de grands avantages pour le fond sur l'ancienne, ayant été soignée par le savant Prélat Bottari, qui l'a augmentée de beaucoup de remarques et de corrections.

WALPOLE.

Anecdotes of Painting in England; whith some account of principal Artistes, and incidental notes on other arts; collected by the late M. George Vertue, and now digested and published from the original Mss. By M. Horace Walpole. The third edition, whith additions. IV. *Vol. London* 1782. *in* 8.

Selon le titre du livre, ces Anecdotes sur la Peinture en Angleterre sont tirées des manuscripts de George Vertue, par Horace Walpole qui a rédigé le tout en homme de goût et de discernement. A l'article de l'Ecole Angloise nous reviendrons plus d'une fois à cet ouvrage ainsi qu'au suivant, qui forme le cinquieme Volume des Anecdotes.

A Catalogue of Engravers, who have been born or resided in England; digested by Mr. Horace Walpole, from the Mss. of Mr. George Vertue; to which is added an account of the Life and Works of the latter. London. 1782. *in* 8.

Catalogue des Graveurs, nés ou établis en Angleterre, rédigé par Horace Walpole, d'après le manuscript de George Vertue; avec une notice sur la Vie et les Ouvrages de ce dernier.

Ce Catalogue offre, dans un ordre chronologique, tous les graveurs Anglois et ceux qui ont travaillé en Angleterre, et cela depuis les commencemens que la gravure y a été partiquèe, jusqu'a nos jours; ouvrage où nous puiserons souvent pour notre Manuel.

INTRODUCTION.

Section I.

Exposition de quelques principes de la peinture, en tant qu'ils sont applicables à la gravure.

Nous allons entrer dans quelques détails sur l'essence de la gravure, en discutant les avantages et les désavantages de cet art, comparé à celui de la peinture. Cette discussion ne sera pas jugée hors de propos, en se rappelant qu'il y a des gens, qui, ne trouvant pas dans une estampe les mêmes beautés que dans un tableau, prennent une idée défavorable de la gravure en général. De-là ils font au graveur des demandes qu'il ne sauroit satisfaire avec les seuls moyens du blanc et du noir. Ils ne font pas attention, que le graveur est au peintre ce que le traducteur est au poëte; dans l'impossibilité de rendre toutes les beautés d'un original, soit pittoresque, soit poëtique, le graveur et le traducteur s'efforcent de dédommager par des équivalens, et les gens judicieux leur savent gré de leurs efforts.

Dans la partie théorique de la peinture, relative à la gravure, qui fait la base de cette introduction, nous avons suivi la marche qu'a tenue M. Fuefslin dans son Catalogue raisonné. Il avoit emprunté ses idées d'un Traité sur les estampes par un anonyme Anglois, et il s'étoit servi librement d'une traduction allemande faite dans le tems par M. le D. Volkmann. Je ne connois point de traduction françoise de ce traité ; pour faire la mienne, j'ai consulté l'allemand et l'anglois. D'ailleurs j'ai usé sobrement de la liberté qu'un traducteur croit pouvoir se permettre, et j'ai tâché de ne pas atténuer les idées de l'original. L'auteur est un homme d'esprit ; il paroîtra quelquefois un peu tranchant dans ses assertions, mais permis à chacun de n'être pas toujours de son avis.

Un tableau, dit notre auteur, ne se distingue d'une estampe, que par la couleur et par la maniere de son exécution. Les règles du beau y sont les mêmes. Nous considérons une estampe de deux manieres comme un tableau ; et par rapport à l'ensemble, et par rapport à ses parties. Elle produit quelquefois un bon effet dans l'ensemble, et elle a des défauts essentiels dans les parties; et cela réciproquement. De même qu'on trouve souvent que tel homme a une belle prestance, bien qu'à un examen plus spécial on y remarque des disproportions dans les jambes; tout comme on voit quelquefois un bel accord dans les jambes, tandis que le reste du corps ne se présente pas bien.

Pour qu'une estampe soit belle dans son ensemble, il faut en général que les regles du dessin, de l'ordonnance, et la distribution des jours et des ombres, soient bien observées; mais pour que toutes les parties individuelles fassent le même effet, il faut de plus que l'artiste apporte le même soin au dessin de chaque partie, à l'expression, à la grace et à la perspective.

Par le dessin nous entendons non-seulement ce que les peintres nomment dessin, mais encore la disposition générale de tout morceau pittoresque, en tant qu'il concerne la représentation d'un certain trait d'histoire. Ces points exigent par conséquent une représentation historique de toutes les parties, et un choix raisonné de toutes les circonstances.

Par-là nous entendons une observation judicieuse du tems, du caractere original de l'objet, l'emploi raisonné de cet objet, soit dans le principal, soit dans l'accessoire.

Quant au choix du vrai point du tems, le peintre peut se conformer aux anciennes régles dramatiques, qui lui enseignent, de ne choisir qu'un seul point, et cela toujours le plus important dans une action ou dans une histoire; de s'interdire tout mélange des autres parties. Choisit-il, par exemple, dans la mort d'Ananias le moment où il tombe mort, il ne faut pas qu'il y mêle rien de ce qui a précédé ou suivi l'histoire. Il faut que toutes les parties s'y accordent; il faut que tous les caracteres dénotent de la crainte et de la surprise, sans qu'ils soient tempérés par un moindre degré de ce qui a paru s'en suivre.

Il faut que les caracteres soient choisis suivant le but du sujet. Si le tableau est historique, l'artiste se conforme à la vérité de l'histoire; si le sujet est emprunté de la mythologie, il choisit les caractéres tels que les anciens poëtes nous les ont transmis.

Introduction.

Il faut de plus que l'artiste ordonne bien ses caractéres, et qu'il les dispose de la maniere la plus convenable, en sorte que les figures principales, qui décident l'action, frappent les premieres la vue, et s'attirent de préférence l'attention du spectateur. C'est là une des régles la plus importantes dans un sujet historique sagement traité. Il faut en premier lieu que les figures principales ne soient pas cachées par les autres figures et les grouppes; il faut au contraire qu'elles en soient détachées et présentées toujours de façon que, sans former un tout, elles composent les parties essentielles d'un tout. C'est de cette maniere qu'elles produisent le plus bel effet. On peut encore faire valoir ces figures en les éclairant d'une forte lumiere, ou en les environnant de parties lumineuses, ou bien en plaçant les figures mêmes dans des endroits fortement ombrés; procédé pourtant infiniment plus rare, et praticable seulement quand le sujet le comporte. Au surplus on les fait aussi valoir en leur donnant une expression caracéristique, ou en leur imprimant l'achevement de l'action principale. Quant à la pratique de ces artifices, on y peut recourir de plus d'une maniere.

Le dernier article dans le dessin en général, ou dans le plan d'un sujet, c'est l'emploi de bons accessoires, par lesquels nous entendons des animaux, des paysages, des fabriques, et généralement tout ce que la peinture emploie pour la décoration d'un tableau. Il faut que toutes les choses soient dans un rapport harmonieux avec l'objet principal; mais il faut quelles lui soient subordonnées. C'est en quoi le Bassan a souvent manqué dans ses tableaux empruntés de la Bible. Il avoit coutume, de remplir le devant de son tableau d'un grand nombre d'animaux, et il produisoit par-là un bon tableau de bestiaux. On est forcé de chercher les figures principales, et souvent on ne les découvre qu'à force de recherches dans un coin du tableau où l'on ne pouvoit gueres les soupçonner. Chez d'autres maîtres on trouve des paysages ornés des figures historiques. Dans ces morceaux, surtout dans les sites d'aprés nature, le paysage devroit être l'objet capital; mais de la maniere que le sujet est traité, les figures qui représentent un trait d'histoire, deviennent figures principales, tandis qu'elles ne devroient être considérées que comme des accessoires. Toutefois le défaut du Bassan est le plus répréhensible, attendu qu'il fait céder le plus haut but de l'art, la représentation des actions humaines, à des accessoires de moindre conséquence. De-là il résulte cette confusion, que chez lui il n'y a point de sujet principal, ni pour le paysage ni pour l'histoire. Le bétail est proprement la décoration la plus marquée de ses peintures; seulement il n'auroit pas dû en faire des tableaux d'histoire.

Il est sans doute des sujets qui exigent en quelque sorte ce mélange dans le plan et dans l'exécution. Dans le sujet d'Apollon gardien des troupeaux du Roi Admete, le spectateur attend de l'artiste le plus beau paysage, et le Dieu le plus beau. Toutes ces régles observées: l'unique et vrai point du tems choisi; les caracteres convenables mis en action, et employés de maniere que le trait historique fasse la plus grande impression sur le spectateur; enfin les accessoires judicieusement distribués et propres à faire valoir le sujet principal: alors l'histoire est bien représentée, et le dessin ou le plan est accompli.

Ce qui doit être observé en second lieu par rapport au tout-ensemble, c'est l'ordonnance, par laquelle on entend de bien grouper les figures et de combiner avec adresse les différentes parties d'un tableau. Dans l'esquisse, ou le plan, il suffit que chaque partie contribue pour sa part à l'existence de l'ensemble, d'un ensemble, relativement à l'unité du sujet, et non uniquement à son effet subséquent. Car les figures d'un tableau peuvent être choisies de façon qu'elle représentent le trait historique d'une maniere intéressante; et telles sont en général les limites du dessin, d'aprés l'idée que nous venons d'en donner. Malgré cela le tableau peut être privé de cette agréable composition, si nécessaire pour plaire à l'oeil. Il faut donc que cette même composition soit produite par une bonne ordonnance.

Le Carton de Raphael, qui réprésente l'apôtre Paul prêchant à Athènes, est parfait de dessin, et les caracteres sont prononcés de façon qu'ils présentent le trait historique d'une maniere intéressante. Cependant il s'en faut encore beaucoup que les différentes parties du tableau soient composées d'une maniere agréable. Si Rubens eût eu à manier l'ordonnance des parties individuelles du tableau de Raphael, et qu'il se fût chargé de la distribution de la lumiere et des ombres, il est certain que l'effet du tout-ensemble auroit été tout autre.

La différence du plan et de la composition est donc distinctement marquée. Tâchons d'expliquer encore mieux cette derniere partie.

Il est d'expérience, qu'un seul objet à la fois est suffisant pour occuper nos sens ou notre entendement. De-la l'unité ou le tout-ensemble est un article d'une nécessité absolue dans un tableau. Il faut que l'œil, à un regard répété, puisse saisir tout le tableau, comme un seul et unique objet; autrement il n'est pas satisfait. Il peut à la vérité se reposer sur des parties individuelles; mais si le tableau ne plait que par-là, c'est un ouvrage défectueux, qui ressemble à une machine dont les ressorts et les rouages sont proprement faits, avec l'inconvénient de n'aller pas ensemble, et par conséquent de ne pas produire leur effet.

L'ordonnance, ou l'art de groupper et de combiner les figures et les parties d'un tableau, est donc un point important pour produire un beau tout dans la peinture. Quand les parties sont dispersées sans liaison, elles ne sont dès-lors que des parties; mais par un grouppement ingénieux et agréable elles deviennent pour ainsi dire une masse, et forment un ensemble.

C'est un grand art dans l'ordonnance des grouppes, de faire ensorte que chaque grouppe s'ouvre en quelque façon, qu'il présente les figures dont il est composé d'une maniere avantageuse, et qu'il montre l'action particuliere de chaque figure.

Nul grouppe n'est beau sans contraste, ou sans oppofition des parties entre elles. La monotonie dans la position, dans l'action, ou dans l'expression des figures d'un grouppe, fatigue l'oeil du spectateur. Dans le Carton en question, de St. Paul préchant à Athènes, le contraste des figures est admirable; tandis que le grouppe des Apôtres dans le Carton de la mort d'Ananias est désagréable, parce que le contraste y manque.

Le contraste est exigé non-seulement dans les figures d'un grouppe, mais aussi dans les divers grouppes entre eux, et en général dans toutes les parties qui composent le tableau.

Dans l'excellent Carton qui offre les Apôtres aux portes du temple, les figures du principal grouppe sont supérieurement bien contrastées. Mais le grouppe contigu est ordonné de la même maniere, ce qui donne au tableau, avec les grosses colonnes torses, une monotonie désagréable.

Cependant tout peintre judicieux se gardera bien, dans tous ses grouppes, dans toutes ses compositions et dans tous ses contrastes, de trop étaler son savoir dans l'art de groupper. Il saura accorder les diverses parties de sa composition de façon, que l'ensemble paroîtra moins un ouvrage de l'art que du hasard. Dans le morceau du sacrifice de Lytre, la tête du taureau n'est sans doute tenue courbée que pour mieux faire groupper les figures d'alentour. La position de ces figures s'accorde si bien avec celle du taureau, et l'ensemble est rendu avec tant de précaution et d'adresse, que tout paroit naturel, bien que les figures soient ordonnées avec le plus grand art. L'autre partie du grouppe est une preuve du contraire; car on y remarque une quantité de têtes qui ne paroissent là que pour remplir la place vuide.

Comme l'unité du sujet ou le tout-ensemble est un point essentiel de la beauté d'un tableau, il suit de-là que les compositions d'un seul grouppe sont les plus parfaites. Il est vrai, tous les sujets n'admettent pas cette stricte modification de l'unité. Dans ce cas il faut que les différens grouppes, moyennant une savante distribution de la lumiere, soient liés de façon qu'ils ne forment qu'un ensemble. De plus, comme l'unité de l'ensemble se perd, lorsque les parties sont trop multipliées, il suit encore qu'il ne faut pas introduire trop de grouppes dans un tableau. Les meilleurs artistes sont d'opinion qu'il n'y a tout au plus que trois grouppes d'admissibles dans une composition. Cependant quelques sujets, comme des batailles, des triomphes, exigent un grand nombre de figures, et conséquemment une liai-

Introduction.

gon de plusieurs grouppes. Dans l'exécution de ces sortes de sujets, il faut employer tout l'art pour n'en tirer qu'un seul tout. Quant aux figures, il faut qu'il y régne un certain désordre, sans qu'il influe sur tout le tableau; de même qu'il faut qu'un écrivain fasse tous ses efforts pour être clair, lors même qu'il traite une matiere obscure.

A l'égard de l'ordonnance je remarquerai encore qu'il faut aussi prendre en considération la forme des grouppes. Michel-Ange regardoit la forme pyramidale comme la meilleure; en effet elle a quelque chose de grand, de frappant, qui manque aux autres formes. Le grouppe des Apôtres dans le Carton où Jésus donne les clefs à St. Pierre, de même encore celui des Apôtres dans le tableau de la mort d'Ananias, paroissent tous deux un peu lourds; et cela vient uniquement de ce qu'ils présentent la figure d'un parallélogramme. En outre la forme pyramidale donne le plus de variétés; car vous pouvez, à vôtre gré, rendre l'angle vertical de votre grouppe plus aigu ou plus obtus. Pour augmenter encore la diversité, vous n'avez qu'à choisir un segment, ou une section d'un triangle. Les Cartons de Raphael donnent peu d'exemples de la beauté de formes dans les grouppes. Vous en trouvez d'avantage dans les tableaux de Salvator Rosa, mais surtout dans ceux du Poussin.

Quand le peintre s'est décidé sur le sujet qu'il veut peindre, il faut qu'il fasse choix d'une forme de grouppe la plus convenable. C'est dans ce grouppe qu'il doit chercher à concentrer ses figures, et les tenir ensemble si prés que possible; je veux dire par-là, qu'il ne faut pas que la forme du grouppe soit un effet du hasard, mais le résultat de la réflexion, avec l'apparence du naturel.

Le troisieme article dans un tableau, relativement à l'ensemble, c'est l'accord, par où l'on entend les différens degrés, d'après lesquels un objet, plus ou moins approché ou éloigné, est rendu fortement ou foiblement. Une fonte insensible de jours et d'ombres, contribue infiniment à l'effet du tout-ensemble. Lorsque cette fonte des teintes manque dans une composition, les parties éloignées, au lieu d'être en quelque rapport avec celles du premier plan, paroissent là par hasard et couchées sur

Introduction. 15

le tableau sans qu'on sache pourquoi. Quand les figures ne se distinguent qu'à raison de leur grandeur, on croit voir ensemble les habitans de Liliput et de Brobdignac. La Belle, dans ses jolies gravures, a singuliérement bien observé cet accord des parties ; tandis qu'on remarque le manque de l'ensemble dans les eaux fortes de Tempesta.

Les régles de l'accord se trouvent dans une étroite liaison avec celles de l'harmonie, parce qu'elles concourent également à l'effet du tout-ensemble. La pratique de cette qualité est de grande conséquence dans la peinture. Une sage ordonnance vivifiée par des teintes harmonieuse, charme tous les yeux, même les moins exercés. L'effet d'un tableau dépend principalement d'une teinte capitale, qui se répand sur tout l'ensemble. Quelquefois elle tombe dans le pourpré, d'autres fois dans le jaune ou le brun; et il est des sujets, où la couleur verdâtre convient le mieux. C'est de cette teinte générale, ou capitale de quelque couleur qu'elle soit, que chaque partie d'un tableau reçoit en quelque sorte une rétribution. Ces régles sont fondées dans la nature des choses, parce que l'harmonie produit un effet agréable, au moyen de laquelle toutes les parties se trouvent liées. Les effets de l'harmonie se manifestent principalement dans les tableaux; mais ils se rencontrent aussi à de certains égards dans les estampes. Bien que l'harmonie ne doive être produite dans une gravure que par une seule espece de nuance, elle peut être encore trés-défectueuse. Par une même espece de nuance, j'entens non-seulement la maniere de l'éxécution, mais encore le même degré de force dans la manœuvre. On rencontre souvent dans les estampes des hachures dures qui sont isolées et nullement en rapport avec les autres; tandis que quand les parties contiguës s'y rapportent, il résulte une harmonie dans l'ensemble. L'accord produit donc le juste degré des rapports entre les parties, et donne aux parties, soit rapprochées soit fuyantes, le vrai degré de force. L'harmonie va encore plus loin; elle donne non seulement la force requise à chaque partie, mais encore elle répand une juste liaison sur le tout-ensemble. Ici j'ajouterai seulement, qu'il n'est pas question d'harmonie

dans

dans les esquisses et dans les eaux fortes; il suffit que l'accord y soit observé. L'harmonie n'est le partage que des compositions finies. On ne sauroit donner d'exemple plus frappant de l'harmonie qu'en comparant une épreuve usée et regrattée par un mauvais graveur, avec une bonne et ancienne impression de cette même planche.

Le dernier article, qui constate l'effet de l'ensemble, est une judicieuse distribution de la lumiere. Cette économie est surtout de la derniere importance dans les estampes. L'harmonie du coloris y supplée en quelque sorte dans une peinture; mais la gravure est privée de cet avantage. Malgré la beauté et la correction du dessein, de l'ordonnance et de l'accord, si cette partie essentielle y manque, nous n'avons, au lieu d'un tout, qu'une production de pieces et de morceaux. Et telle est la magie de la distribution de la lumiere, que par une savante pratique de cet artifice, vous pouvez donner une bonne harmonie à une mauvaise ordonnance.

La règle principale dans la distribution de la lumiere est, de pratiquer de grandes masses

ses dans une composition; manœuvre qui ranime la représentation de l'ensemble. Dans un grand sujet la lumiere tombe sur une large surface. Au lieu, que si vous pratiquez la lumiere par places, on croit voir plusieurs sujets; ou du moins on n'y remarque pas la connexion; ce qui choque l'œil. Ceci est pour le graveur comme pour le peintre. Dès que nous voyons évidemment dans un tableau de grandes masses de lumiere et d'ombres, nous nous y représentons un tout ou l'unité. Mais la lumiere se trouve-t-elle éparpillée, on croit voir ou un objet différent, ou du moins un sujet desordonné. La fameuse comparaison de la grappe de raisin du Titien est belle, et jette du jour sur l'artifice de la distribution de la lumiere. Quand la lumiere tombe à la fois sour toute la masse de la grappe, c'est à dire quand un de ses côtés se trouve dans le jour et l'autre à l'ombre, elle nous donne une idée des grandes masses qui forment un tout. Mais quand les grains de la grappe sont dispersés sur une table et se trouvent frappés séparément par la lumiere, on n'y voit plus d'ensemble.

Introduction.

Nous venons de considérer les points les plus importans qui contribuent pour leur part dans une estampe à l'effet du tout-ensemble: nous allons traiter maintenant les articles qui concernent les parties individuelles. Ces parties sont le dessin proprement dit, l'expression, la grace et la perspective. A l'égard de ces articles il est à remarquer, que suivant l'ordre ils ne viennent qu'après ceux qui concernent le tout-ensemble. Car l'effet de ce tout-ensemble est le grand point, auquel il faut faire une attention toute particuliere dans la peinture. Si le tableau est dénué de cet effet, il ne peut porter que le nom d'étude. Ce sont donc les choses qui produisent un tout, qui constituent principalement la beauté.

Par le dessin proprement dit, nous entendons la justesse du contour; sans la science raisonnée des contours, il ne sauroit y avoir de représentation judicieuse d'après nature. Tout paroitra en contresens et blessera les yeux. Un dessin incorrect est donc un objet choquant, *que non homines, non dii, non concessere columnae.*

Cependant un dessin peut être passable, encore qu'il soit imparfait à un certain degré. D'ailleurs ce defaut ne sera guere remarqué que par les connoisseurs de l'art et de l'anatomie. A ce sujet je serois tenté de soutenir, qu'on s'arrête trop au dessin, lorsqu'on fait une attention trop scrupuleuse aux moindres minuties, et qu'on néglige par-là les choses les plus importantes, les choses qui constituent le tout-ensemble.

L'expression est la vie et l'ame de la peinture. Elle consiste dans une exposition judicieuse des passions et des caracteres. Elle peint les affections humaines, en représentant chaque mouvement de l'ame, en tant qu'il se manifeste par une attitude, ou par un mouvement du corps, ou par un changement des traits du visage. Elle peint les caracteres en représentant les mœurs diverses des hommes, par rapport à leur tempérament et à leur condition. Pour la premiere espece d'expression, les Cartons de Raphael en sont remplis. Pour ce qui est de la seconde espece, qu'on nomme aussi la peinture des mœurs, Hogarth y est un maître inimita-

Introduction. 21

ble. Il régne dans ses ouvrages une grande diversité, relativement à l'exposition des différens caracteres des hommes ; caracteres représentés avec plus de force, que la plûpart des gens ne sont en état de se le figurer.

La grace consiste dans une certaine disposition des parties d'une figure, de maniere qu'il en resulte une aimable attitude. Elle repose singulierement sur le contraste et sur la légéreté dans la position. Le contraste dans une seule figure est la même chose que ce que l'on entend par-là dans tout un grouppe, cest à dire une bonne opposition des parties entre elles. Le contraste se manifeste au corps, ainsi qu'à ses membres, et à la tête. Il naît d'une disposition gracieuse soit du contraste de l'une ou de l'autre partie, soit de toutes les parties prises ensemble. Par rapport au corps, le contraste consiste dans l'adresse de lui donner une tournure aisée et naturelle, et de faire contraster les parties rentrantes avec les parties sortantes. L'Apôtre St. Paul dans le Carton de Raphael du sacrifice de Lystre nous en offre un exemple. A l'égard des membres, il consiste dans le mouvement alternatif des membres étendus avec les membres raccourcis. L'exemple de Michel-Ange, au sujet de la forme pyramidale, est également applicable ici, attendu que cette forme donne beaucoup de grace et de beauté, soit à une seule figure, soit à tout un grouppe; seulement on a plus de liberté dans un cas que dans un autre. Dans les grouppes il faut toujours que le triangle soit posé sur la base; mais dans les figures individuelles, on peut le retourner et le placer sur la pointe. Lors donc que les membres d'en bas d'une figure sont écartés, on peut reserrer ceux d'en haut. Mais vous obtenez une toute aussi belle forme, si vous tenez les bras de votre figure étendus, et si vous la reserrez vers les pieds. Enfin il resulte aussi un contraste de la position de la tête, et ce contraste dérive de la tournure du cou relativement à la ligne que décrit le corps. Dans les Cartons de Raphael on trouve une infinité d'exemples de cette sorte de grace. Principalement elle est remarquable dans la figure de l'apôtre Jean qui guérit le boiteux; et dans ce même Carton on rencontre huit à neuf autres exemples. Je m'abstiens

Introduction.

d'en dire d'avantage sur cette matiere, qui a été traitée si supérieurement par l'auteur ingénieux de l'Analyse de la beauté. *).

La grace repose donc sur le contraste. Mais il ne faut jamais oublier que le contraste doit être lié à une facilité naturelle. Donnez une tournure au corps, gardez-vous seulement de lui donner une contorsion. Evitez toute attitude forcée, et ne choisissez que les mouvemens adaptés à la nature qui aime le naïf, le facile.

Ce que nous venons de dire est applicable à toutes les figures de quelque condition qu'elles soient prises. Mais je distingue la grace pittoresque, de celle qui naît de la dignité ou du caractere d'un personnage. Ici il est question de la grace pittoresque, qui a lieu par rapport à toutes les figures quelconques; à une divinité de Raphael et un mendiant de Callot. Les marques caracteristiques de l'autre espece de grace doivent être déterminées par l'expression.

Je remarquerai de plus, que dans un tableau

---

*.) Hogarth.

de plusieurs figures il est essentiel, que le contraste de chaque figure à part se régle sur le contraste du tout-ensemble. Par conséquent il y aura bien des cas, où il ne seroit pas à propos de se conformer aux régles que nous venons d'établir. Il faut toutefois qu'elles servent de mesure générale au peintre, et qu'elles soient observées dans les figures principales. Dans beaucoup de tableaux d'une seule figure, ainsi que dans les portraits, on ne sauroit se passer de la forme pyramidale. La figure alors doit être considérée comme un grouppe.

La perspective est la proportion qu'ont entre eux les objets rapprochés et éloignés, ainsi que leurs parties relativement à leur position respective. C'est la science de la dégradation, qui est étroitement liée avec l'accord. La perspective trace les contours, et l'accord les remplit. Sans une connoissance compétante de la perspective un peintre produiroit des absurdités; mais vouloir en faire parade à toute occasion, ce seroit de la pédanterie. C'est en quelque façon dans la même catégorie qu'on doit ranger les racourcis. Ils ont beau être traités artistement, il seroit encore mieux de les éviter, par la raison qu'ils offrent toujours plutôt de la singularité que de la beauté; ce sont des licences pittoresques qu'on ne devroit se permettre qu'au grand besoin. Rubens est fameux pour les racourcis; mais leur effet se manifeste principalement dans ses tableaux, et rarement dans ses estampes.

A ces régles générales et principales d'un tableau, aussi bien pour le tout que pour ses parties, nous ajouterons encore quelques remarques par rapport à l'éxécution, qui les concerne également.

Par l'éxécution nous entendons la maniere de travailler, par laquelle chaque artiste cherche à atteindre l'effet qu'il se propose. Les artistes peuvent différer dans l'éxécution, et toutefois être excellent chacun dans son genre. Callot se sert de traits forts et prononcés, Salvator Rosa au contraire n'emploie que de tailles légeres et unies; Rembrandt opere d'une maniere toute différente, ses hachures ne semblent tracées qu'au hazard et de tous sens.

Chaque artiste ne travaille en quelque sorte que d'après une maniere qui lui est propre.

Un artiste maniéré signifie tout autre chose. Il faut toujours que la nature soit le principal modele de l'imitation; il suit de-là, que tous les objets doivent être rendus d'après le naturel aussi exactement qu'il est possible, ou s'il m'est permis de m'exprimer ainsi, dans la maniere de la nature. Les figures de Raphael, celles des Carraches, et d'autres dans les classes supérieures; celles de Greuze dans les classes inférieures des hommes, les animaux de du Jardin, les paysages de Waterloo, soutiennent ce caractere. Pendant que d'autres maîtres, s'écartant de ce modele, suivent leurs caprices. Imbus d'une idée générale d'un homme, d'un animal, d'un arbre, ils travaillent constamment d'aprés cette idée. De-là on voit dans leurs ouvrages une monotonie perpétuelle, tandis que la nature leur auroit fourni des variétés à l'infini. Chez eux chaque figure, chaque animal, a le même caractere. C'est de ces artistes qu'on dit proprement, qu'ils sont maniérés. Tempesta, Callot, Peter Testa, Pietre de Cortone, et même, à de certains égards, quelques uns des plus grands flambeaux de l'art, le Guide,

Introduction. 27

le Guerchin, le Dominiquin, Rubens &c. sont tous maniérés en ce sens. On voit d'abord, que leurs pensées ne sauroient être nommées des copies de la nature. Par cette même raison les paysages de Perelle ne méritent d'autre nom, que celui de saillies de l'imagination. Cependant un maître qui, en copiant la nature, fait un mauvais choix, comme a fait souvent Rembrandt, ou qui nous donne des portraits là où il nous devroit donner simplement des hommes, ou qui nous donne des hommes, lors qu'il nous devroit peindre des dieux, comme faisoit Paul Veronese, est encore plus repréhensible, qu'un peintre maniéré qui exécute avec esprit ses propres idées d'un choix plus ou moins noble, et qui leur donne un beau caractere, bien qu'elles ne soient pas parfaitement conformes à la vérité. Celui-là seul est un véritable artiste, qui copie la nature, et qui sait la relever par ses conceptions du beau, lorsqu'il la trouve dénuée de noblesse. C'est en cela que consiste la beauté et la vérité idéale en opposition avec tout ce qu'on appele maniere.

Pour ce qui est d'une exécution libre et

spirituelle, il est assez difficile de dire, ce qu'on entend par-là. Lorsque l'artiste n'est pas certain de son trait et qu'il n'est pas capable de rendre son idée avec netteté, on voit toujours à son travail quelque chose de lourd. Dans le cas contraire, il exécutera son ouvrage d'une main ferme et hardie : C'est-là en quoi consiste le spirituel. Je ne saurois mieux l'expliquer. Le libre consiste dans une exécution franche et hardie ; quand la liberté n'est pas accompagnée de justesse, l'effet requis est manqué. Tel est le cas de la plûpart des nouvelles eau-fortes des François d'aujourd'hui.

Il ne sera pas hors de propos d'ajouter à ces remarques une comparaison précise au sujet des avantages respectifs, tant des tableaux que des estampes, par où l'on pourra apprécier leur mérite, leur utilité et leur usage divers.

Dans le dessin et dans la composition les effets sont les mêmes, et cela en peinture comme en gravure. Une estampe se présente avec la même expression qu'un tableau.

A l'égard de l'accord, un tableau l'emporte sur une estampe. Ce ton vaporeux, que l'éloignement donne à une chose, ne sauroit être bien rendu que par la couleur naturelle qui ne peut être donnée que par le pinceau. Une gravure ne peut rendre cette couleur qu'à peu près, et par conséquent elle ne peut en donner qu'une idée imparfaite. Elle fait soupçonner seulement la teinte, dont l'objet sera revêtu. Comme nous avons déjà une idée de la maniere que la nature se montre dans ces sortes de cas, l'estampe ne fait pour ainsi dire que nous la rappeller.

Par rapport à la distribution de la lumiere, on ne peut guere comparer les tableaux avec les estampes. Le peintre tient à sa disposition mille teintes diverses; par leurs moyens il peut rendre le passage de la lumiere à l'ombre par des nuances infinies. Un coloris harmonieux opère par lui même l'effet de la distribution des jours, quand le graveur n'a pour toute ressource que le blanc et le noir. Cependant les règles de la lumiere et de l'ombre peuvent être employées encore plus décidément dans les estampes que même dans les tableaux. Car comme le pinceau séduit l'oeil, il faut le regard d'un connoisseur pour distinguer l'effet de la lumiere du simple effet du coloris; tandis que dans une estampe, celui-là même qui n'est pas autrement connoisseur remarquera la masse de la lumiere et pourra suivre les traces de sa distribution par toutes les demi-teintes. Puis une autre circonstance: lorsque le coloris d'un tableau est dénué d'harmonie, les teintes ne s'accordent pas entre elles; défaut qu'on remarque quelquefois dans les ouvrages de bons maîtres d'ailleurs : dans ce cas-là une belle estampe, faite d'après un pareil tableau, est préférable au tableau même. La gravure alors ne nous offre que ce que l'original a de précieux, et ne soustrait à l'oeil que ce qu'il a de choquant.

Telle seroit la comparaison des peintures avec les gravures, par rapport au tout-ensemble. Pour ce qui concerne en outre le dessin, l'expression, la grace et la perspective, nous ne pouvons entrer en parallele qu'à l'égard des deux premiers articles; car pour ce qui est des deux derniers, les tableaux et les estampes paroissent avoir les mêmes avantages. Dans les estampes l'observation des regles de la perspective est peut-être encore plus praticable, parce que les tailles se terminent toutes vers un point ou vers un côté.

Le dessin se trouve terminé dans un tableau par la rencontre de deux couleurs différentes, et sur le cuivre par une ligne formelle. De-là vient que le dessin dans la peinture semble plus naturelle et avoir plus d'effet; mais l'anatomiste trouve véritablement une plus grande précision encore dans la gravure, attendu qu'il peut y suivre la vraie ligne par toutes les sinuosités des jours et des ombres. Dans les estampes en maniere noire cette comparaison n'a pas lieu, parce que le dessin y est pratiqué à peu près de même que dans les tableaux.

Quant à l'expression le peintre peut s'applaudir de l'avantage qu'il a sur le graveur. La force de l'expression réside également dans le coloris comme dans le changement de trait; il arrive même que les traits privés de couleurs font un effet tout contraire à l'intention de l'artiste. De-là l'expression des passions violentes, indiquée seulement par les lignes du dessin, tombe quelquefois dans le grotesque. La couleur rend supportables les contorsions des traits. Les yeux gonflés des hommes transportés de colere offrent des traits hideux, lorsque le pinceau, s'écartant du vrai coloris qui indique le sang bouillant, ne donne pas le caractere convenable à la passion. Demandez au graveur, pourquoi il n'a pas donné la vraie expression au St. Jérome mourant du Dominiquin? Pourquoi il la représenté avec une expression d'anxiété, au lieu de ces traits de résignation d'un Saint qui aspire à sa délivrance, et tel qu'on le voit dans l'original? L'artiste vous répondra non sans raison, qu'il a fait tout ce qu'on peut faire avec des tailles; qu'il lui a manqué le pinceau du Dominiquin pour donner, par la pale couleur de la mort, la véritable énergie à ses contours. Les degrés de l'âge, les nuances du sexe, la jeunesse florissante, les joues livides des malades, les visages décolorés des amants, tous ces objets ne peuvent recevoir les marques caracteristiques qu'au moyen du pinceau. C'est l'affaire du pinceau, de pratiquer dans un portrait les différentes nuances de cheveux et du teint: dans les animaux les diverses sortes de poils, de laines et de plumes: dans les paysages les teintes variées des saisons et des parties

ties du jour. C'est encore le pinceau qui opere un ciel serein en été, un air brûlant à midi, l'azur et le pourpre des montagnes suivant leur distance, la mousse grisâtre d'antiques ruines, la diversité du verd, du jaune, du brun des feuilles et des terreins, enfin toutes les couleurs qui sont imprimées aux objets de la nature, et qui contribuent si puissamment à la vraie expression de toutes ces choses. Au lieu de ces avantages multipliés du ressort de la peinture, la gravure ne peut rendre que la figure des choses et indiquer les différentes dégradations de la lumiere. De-là vous voyez dans les touches suaves du Lorrain la vive peinture de la nature. Et c'est là ce qui rend ses tableaux si précieux, tandis que ses eaux fortes ne sont que les esquisses décharnés de ces mêmes objets. Cependant il faut dire aussi que les choses que le peintre exécute pour le graveur, se rendent presque toujours mieux avec le burin qu'avec la pointe; et les estampes d'après le Lorrain en sont une preuve, surtout celles qui ont paru en Angleterre, où les deux manieres se trouvent sagement combinées.

C

La gravure ne donne qu'une idée très-imparfaite de la grandeur d'un objet éloigné, que les couleurs rendent beaucoup plus distinct. Il faut que nous voyions à travers l'air qui est bleu de sa nature et qui environne les objets dont nos yeux sont frappés. Si l'objet est proche, la teinte dont il participe par l'intermission de l'air est imperceptible. A mesure que l'objet s'éloigne cette teinte se renforce ; à une distance considérable il perd entierement sa couleur naturelle et prend la couleur bleue. C'est là une marque des distances très-connue des gens qui habitent des contrées montagneuses: ils jugent d'abord qu'un objet est très-grand, lorsqu'ils peuvent en distinguer la forme, bien qu'il ait entierement pris la couleur étherée, si j'ose me servir de ce terme. Lorsque les yeux se promenent sur les plaines d'Egypte et qu'ils apperçoivent les pointes bleuâtres des pyramides, ils jugent de la grandeur de ces masses par la couleur, et ils sont frappés d'étonnement, parce qu'elles montrent leur forme malgré leur distance. Sur ce point une estampe est très-défectueuse, n'étant pas capable de donner les caracteres de la grandeur.

Introduction.

De plus, une gravure perd beaucoup, de ne pouvoir pas désigner le changement qui arrive dans les airs, lorsqu'une teinte étrangere se trouve mêlée à une couleur forte. Par exemple il est impossible au graveur de rendre par le blanc et le noir, cette lueur rouge et effrayante dans le ciel, éclairé de nuit par un grand incendie. Guillaume van de Velde offre au spectateur l'aspect d'une flotte en proie au flammes: il seroit téméraire au graveur de vouloir tenter de rendre un pareil objet, parce qu'il ne sauroit réveiller l'idée qui reléve principalement le sujet.

Le burin n'est pas non plus en état de rendre le transparent du coloris. Ce transparent naît de la fonte de deux teintes l'une sur l'autre, de façon qu'on découvre en quelque sorte chacune séparément. Quand on n'emploie qu'une couleur, le corps paroit opaque. Rien ne produit de plus belles chairs, qu'une peau diaphane, sur une infinité de vaisseaux qui brillent au travers. Quand l'homme se meurt, la liqueur renfermée dans ces petits conduits cesse de circuler, la fraicheur de la couleur se flétrit, un teint livide de la couleur de la mort en prend la place. Le peintre seul est assez heureux de pouvoir imiter ces diverses situations. Lui seul peut à son gré couvrir d'une aimable rougeur les joues d'une jeune beauté, ou répandre sur son teint, lorsqu'elle expire, la pâleur de la mort. Le graveur au contraire ne peut produire ni l'un ni l'autre effet: restreint dans son cercle il est obligé de rendre de la même maniere, et la rougeur diaphane et la pâleur opaque de ses figures.

En derniere analyse le graveur n'est pas non plus en état de représenter les corps polis et luisans qui doivent souvent leur plus bel éclat aux couleurs dont ils participent par leur proximité, quoiqu'il y ait plus de ressources que par rapport aux corps transparens qu'il ne sauroit rendre. Au contraire dans les corps lisses et réfléchissans il peut montrer du moins les reflets des autres objets: il peut par exemple représenter la forme des arbres qui se reflétent dans l'eau, sans pouvoir donner à l'eau la teinte verdâtre des arbres. Dans plusieurs cas un corps poli ne prend la couleur que par le reflet et non par la forme du corps réfléchi.

Ici l'art du graveur est impuissant. Il ne sauroit différencier la coupe brillante d'argent d'avec la liqueur vermeille qu'elle contient, ni donner à la cuirasse luisante d'un guerrier le reflet que lui communique la soubreveste d'ecarlate passée par dessus.

Nous terminerons ces remarques par une couple de mots sur l'exécution. Sur ce point tout l'avantage est du côté de la peinture. La maniere qui rend le mieux et le plus naturellement la surface d'un objet, est sans contredit la meilleure : or les tailles les plus délicates de la plus belle gravure sont dures en comparaison des touches d'un pinceau moëlleux. La maniere noire, malgré plusieurs de ces inconvéniens, a l'avantage de rendre très-heureusement une infinité d'objets, surtout de la maniere qu'elle est traitée aujourd'hui. A bien des égards les anciennes tailles de bois, relativement à l'exécution, sont préférables à bien des eaux fortes et à bien des gravures au burin.

Cependant malgré tous les obstacles que nous venons de détailler, il n'est pas moins vrai, que les grands artistes dans chaque art, et par conséquent aussi dans l'art de graver, sont capables d'exécuter des choses qu'on croyoit impossibles. En effet tous les genres de gravures nous offrent des exemples, que le génie, franchissant les limites posées à un art, sait vaincre toutes les difficultés, comme nous aurons occasion de le montrer dans le cours de cet ouvrage.

Section II.

Définition de l'art de graver, et remarques sur les différentes espèces de gravures.

Après avoir parlé de l'essence de la gravure, ou de la théorie de cet art, nous allons donner aussi quelques détails sur sa pratique ou sur son mécanisme. Nous dirons avec Joseph Strutt, que l'art de graver désigne la sorte d'opération qui produit une estampe. Les gravures, de même que les peintures, peuvent être rangées en trois classes principales: en sujets historiques et symboliques, en paysages, et en portraits. Les manieres de graver, soit anciennes, soit nouvelles, se sont beaucoup multipliées et vont de nos jours jusqu'au nombre de douze sortes distinctes. On grave:

En traits formés avec le burin seul. Dans cette maniere on trace le dessin sur la planche avec un outil acéré qu'on appelle la pointe seche; ensuite on grave les traits sur le cuivre avec un instrument tranchant, et c'est cet instrument qui porte le nom de burin. C'est là ce qu'on nomme graver au burin, ou en taille douce; maniere particulierement convenable pour le portrait, à l'égard duquel, ce qu'on appelle le beau burin, est surtout à sa place.

En traits, qu'on trace avec un outil, nommé la pointe, sur une planche de cuivre couverte d'un léger enduit de vernis. Cette opération faite, ou verse de l'eau forte sur la planche pour la faire mordre sur ces traits. C'est cette maniere, une des plus expéditives, qui s'appelle proprement graver à l'eau forte et qui a été singulierement pratiquée par les dessinateurs et les peintres.

En traits qu'on grave d'abord à la pointe et à l'eau forte, et qu'on termine ensuite au burin. Ce procédé, réunissant les deux manieres précédentes, est le plus convenable pour rendre les grands sujets d'histoire et de paysage. C'est de cette maniere que sont traités les chef-d'œuvres d'un Augustin Carrache, d'un Corneille Visscher, d'un Gerard Audran, d'un Jacob Frey, d'un Wilhelm Woollett, si justement admirés des vrais connoisseurs.

En maniere noire, appelée Mezzotinto par les Italiens et Anglois. On prend pour

Introduction. 41

cette opération une planche entierement grenée au moyen d'un instrument dentelé, nommé berceau. C'est sur cette planche ainsi préparée qu'on calque le dessin ; ensuite on y pratique les parties claires en grattant et en usant le grain avec un outil qu'on nomme grattoir, suivant que l'effet le demande. Ci-après nous reviendrons sur cette maniere, ainsi que sur les quatre manieres précédentes.

En taille de bois, la premiere gravure moderne en date. On choisit pour cette gravure une planche de bois sur laquelle on trace le dessin avec la plume, puis on creuse avec un instrument tranchant toutes les parties qui doivent rester blanches; effet contraire du burin et de la pointe. Le bois le plus ordinaire dont on se sert, est le poirier et le buis. D'ailleurs l'impression de ces sortes de planches est toute semblable à celle des livres. Il est assez prouvé que c'est ce genre de gravure qui a conduit à l'invention de l'imprimerie, comme nous l'avons discuté ci-après à l'article de la Gravure en Allemagne.

En taille de bois sur deux, trois et même quatre planches. Sur la premiere on taille les contours, sur la seconde les ombres fortes, et sur la troisieme les demi-teintes: puis on tire toutes ces planches l'une après l'autre. Cette sorte de gravure, qui a suivi de près la précédente, porte le nom de Helldunkel chez les Allemands, de Chiaro-scuro chez les Italiens, de Clair-obscur ou de Camaïeu chez les François. Dans son origine elle a eu pour objet, de rendre les dessins lavés des anciens maîtres. Le Comte Zanetti, amateur Venitien, a gravé dans ce goût avec un nouveau succès une suite de quatre vingt-dix sujets d'après les dessins de Raphael et du Parmesan.

En bois et en cuivre. Dans ce procédé on grave les contours d'une maniere ressentie sur une planche de cuivre, et on taille les ombres fortes et foibles sur deux et même sur trois planches de bois, qu'on tire ensuite comme dans la maniere précédente.

En points, qu'on grave d'abord à l'eau forte et qu'on raccorde ensuite avec la pointe et avec un ciselet en se servant d'un marteau. Ce genre de gravure, appelé Opus Mallei, (ouvrage fait au marteau), a été pratiqué dès le siecle passé par quelques orfèvres, surtout par Janus Lutma, dont les morceaux sont trés-estimés des connoisseurs.

En points sans traits, nouvelle maniere pointillée qu'on exécute avec la pointe sur l'enduit ou le fond, et qu'on fait mordre après par l'eau forte. Ensuite on raccorde le tout avec la pointe & le burin, dont on se sert pour faire les petits points. Le plus souvent on n'y emploie que le burin, sans se servir de la pointe, sur tout pour rendre les chairs et les parties délicates. Cette maniere a pris singulierement faveur dans toute l'Europe, surtout en Angleterre, où les nombreux artistes dans ce geure se sont singulierement distingués. La gravure en maniere de crayon peut être rangée dans cette classe.

En maniere de lavis, que les Anglois nomment Aqua tinta, nouveau genre de gravure. On commence par graver le contour à la pointe, puis on verse sur la planche une espece d'eau forte préparée qu'on laisse mordre. Par ces procédés on imite les dessins à l'encre de la Chine, au bistre et autres. Dans ce genre de gravure, on emploie encore plusieurs autres expédiens, comme le mastic, la colophane, le sel, le sable, &c. à travers lesquels on fait pénétrer l'eau forte. Les effets qui résultent de ces procédés sont toujours à raison du goût et du génie de l'artiste. Les Allemans, les Jtaliens, les Hollandois, les François et les Anglois, ont produit dans ce genre une infinité de belles choses, que nous ferons connoître aux articles de chaque maître.

En impressions qui imitent la peinture. Jacques Christophe le Blond, a été un des premiers qui ait porté ce genre de gravure à un certain degré de perfection. Sa méthode étoit d'imprimer ses estampes avec trois planches préparées comme pour la maniere noire, et d'employer pour cet effet trois couleurs qu'il appelle primitives; savoir: le rouge, le jaune et le bleu. Nous parlerons de son Traité du Coloris à l'article de la gravure en Angleterre. Depuis le Blond, la gravure en couleur a toujours été pratiquée par differens artistes avec plus ou moins de succès. Les François qui excellent dans ce genre, exécutent encore leurs estampes colorées avec

Introduction.

plusieurs planches. Les Anglois suivent une autre méthode: ils couchent une légère couleur à l'huile sur leurs planches et les livrent ainsi préparées à l'impression; ce qui donne à leurs estampes colorées ces tons moëlleux qui les rendent si agréables à l'œil. Ploos van Amstel et Edouard d'Agotti ont publié des pièces uniques dans ce goût.

Enfin en enluminure. Ce genre, qui participe de la gravure et du dessin, a été porté de nos jours à un haut point de perfection. D'après cette méthode on colore soigneusement les empreintes tirées sur des planches légerement gravées à l'eau forte. Ce qu'on a de mieux dans ce nouveau genre d'enluminure, ce sont les vues de la Suisse d'Aberli, les morceaux d'Architecture de Du Cros et de Volpato, les paysages de Sandbi, et de quelques autres.

Tel est le précis des différentes manieres de graver. Ceux qui voudront en savoir d'avantage sur cette matiere, peuvent consulter l'ouvrage d'Abraham Bosse, éclairci et augmenté par Mr. Cochin, dont on trouvera le titre ci-dessous *). D'ailleurs on peut consulter les gens de l'art sur tous ces objets: il n'y a pas d'habile graveur qui ne soit très-en état de donner des notions claires de toutes ces manieres.

Voici encore quelques remarques de l'Anonyme sur les quatre manieres de graver les plus usitées.

Nous bornerons ici nos réflexions à quatre sortes d'estampes. Les gravures au burin, les gravures à l'eau forte, celles au burin et à la pointe, et les pieces en maniere noire. Le caractere des premieres est, que les tailles soient précises et décidées; des secondes, que les traits soient tracés d'une main libre; des troisiemes, que les qualités des deux premieres s'y trouvent réunies; et des quatriemes, que l'exécution soit douce et moëlleuse. Toutefois ces qua-

---

*) De la Maniere de graver à l'eau forte et au burin, et de la gravure en maniere noire, par Abraham Bosse, graveur du Roi. Nouvelle édition, augmentée de l'Impression qui imite les Tableaux et la Gravure en maniere de Crayon, et de celle qui imite le lavis, ornée de vignettes et de planches en taille douce. A Paris 1758. gr. in 8.

Introduction. 47

lités doivent se trouver, à de certains égards, à chacune de ces quatre espéces de gravure.

En vertu de la forme du burin, cet outil fait, chaque fois, qu'on l'enfonce dans le métal, une incision angulaire, qui produit une ligne ferme et aigue, à moins que le trait ne soit fort délicat. D'une pareille ligne on peut attendre qu'elle soit correcte, étant tracée avec réfléxion, et non pas qu'elle paroisse tirée d'une main libre. Cette ligne, tracée laborieusement sur le cuivre, ne peut par conséquent paroître libre que jusqu'à un certain point.

Au contraire une liberté absolue est le caractere de la pointe. Cet instrument se promene légèrement sur la planche, sans trouver de résistance, et suit sans effort chaque tour de la main. Graver à l'eau forte n'est presque autre chose que dessiner, et s'opere tout aussi aisément. Mais comme l'eau forte ne mord pas également, les lignes ne peuvent pas être aussi aigues que si elles avoient été tirées sur le cuivre avec le burin. En outre il est difficile d'empêcher que la planche ne soit entamée également par tout. Il est vrai, les parties les plus éloignées de la planche peuvent être aisément couvertes de cire; procédé par lequel on produit l'effet de l'accord. Toutefois donner à chaque partie de la planche l'accord convenable et produire par-là l'harmonie de l'ensemble, demande une infinité de degrés de forces, une infinité de nuances d'une force à l'autre, de sorte que la réussite est impossible par la seule opération de l'eau forte. Sur cet article le graveur au burin a un avantage, c'est de pouvoir donner et ôter la force à son gré par un trait fort ou foible.

Comme la gravure au burin et à la pointe a également ses avantages et ses inconvéniens, les artistes ont fait en sorte de réunir le bon des deux genres et de corriger l'un par l'autre: Ils ont tâché de combiner la liberté de la pointe avec la correction du burin. La plûpart des estampes historiques de ces derniers tems sont faites d'abord à l'eau forte et puis terminées au burin. Lorsque cette opération se fait avec intelligence, l'effet ne peut qu'être heureux. Car la surface unie, qu'occasionnent les parties obscures partout également fortes, se perd, et la planche reçoit un plus bel effet,

par-

Introduction. 49

parce que les parties de devant dominent mieux sur les parties de derriere. Cependant cette manœuvre exige beaucoup d'intelligence. Nous voyons bien des planches qui n'avoient besoin que d'être retouchées en peu d'endroits avec le burin, mais qui à force d'avoir été travaillées, sout devenues lourdes, peinées et insipides; reproches faits avec quelque fondement aux derniers ouvrages de B. Picart exécutés en Hollande.

La gravure au burin nous offre des chef-d'œuvres qui font également le charme de l'homme de goût et du connoisseur sans prévention; c'est d'ailleurs une chose assez rare de rencontrer des Estampes toutes gravées au burin qui, malgré leurs autres qualités, ne présentent pas un peu de roideur. Considéré sous différens points de vue, le simple graveur sur cuivre ne vaut guere mieux que le simple mécanicien. Il me semble, que parmi les gravures à la pointe nous avons une plus grande variété d'excellens morceaux qui peuvent être considérés comme des dessins originaux. Plusieurs grands peintres nous ont laissé de ces sortes de pièces; souvent elles ne sont que

D

croquées, mais presque toujours elles décèlent une main de maitre. Ces pieces méritent d'autant plus l'estime du vrai connoisseur, qu'elles renferment les premieres pensées de l'esprit et du génie. Elles sont communément fort recherchées des artistes ; mais pour les apprécier selon leur mérite il faut l'œil des artistes. Sur cet article il y a souvent bien de la singerie dans le fait de certains amateurs, qui affectant de donner la préférence aux dessins sur les tableaux, et aux croquis sur les dessins finis.

Dans l'expression des muscles, à l'égard des figures d'une certaine grandeur, la gravure au burin a sans contredit un grand avantage sur celle à l'eau forte. Le passage adouci & délicat de la lumiere à l'ombre, qui y est nécessaire, ne sauroit être rendu aussi bien avec la pointe. En général les grandes pièces demandent une certaine force dans l'exécution, difficile à produire par l'opération de l'eau forte : de-là il est mieux, d'y employer la gravure au burin.

Au contraire la gravure à l'eau forte convient mieux pour rendre les esquisses et les dessins légérement touchés, auxquels le burin feroit perdre entierement cette liberté de la main et cette touche spirituelle qui constitue leur plus grande beauté. Le paysage est en général le véritable objet de la pointe. Les feuilles, les ruines, les ciels, en un mot toutes les parties de ce genre de peinture, exigent la plus grande liberté de la main. Mais veut-on terminer avec le burin un paysage gravé à l'eau forte, on ne sauroit apporter trop de soin pour l'empêcher de paroitre lourd. Nous avons déja remarqué combien il faut d'adresse pour retoucher avec le burin une planche gravée à l'eau forte : or parmi toutes les planches celle qui exige le plus de précaution c'est le paysage. Les premiers plans, et les arbres qui les occupent, souffrent quelques traits fortement prononcés; et quelques peu de corrections ménagées avec le burin, compléteront l'effet du paysage : mais lorsque le graveur se met en tête de repasser entierement sa planche avec cet instrument, il peut se croire fort heureux s'il ne gâte pas tout son travail.

Une estampe, quand la gravure n'est pas trop légere, donne depuis sept jusqu'à huit-cens bonnes épreuves; et cela dépend beaucoup de la bonté du cuivre. Une planche gravée à l'eau forte ne souffre guere que deux cens épreuves, et tout au plus trois cens, quand l'eau forte a bien mordu; après cela il faut retoucher la planche, autrement les épreuves deviennent trop pâles.

La méthode la plus usitée est, de graver sur cuivre; mais on travaille en étain, et en bois. Les planches d'étain donnent des épreuves un peut sales, qui par conséquent ne flattent pas l'œil. La gravure en bois, fort négligée aujourd'hui, a produit de beaux ouvrages, dont nous parlerons ailleurs.

La maniere noire différe beaucoup de la gravure au burin et de celle à la pointe. Dans les deux derniers genres, le graveur trace les ombres sur la planche. Mais dans la maniere noire, ainsi que dans les tailles de bois, il y pratique la lumiere. Depuis les tems du Lieutenant Colonel Siegen et du Prince Robert, regardés comme les inventeurs de ce genre, ainsi que nous le dirons ci-après, la gravure en maniere noire s'est infiniment plus perfectionnée que celle de ses deux sœurs aînées. Quelques unes des plus anciennes Estampes à l'eau forte, sont peut-être les meilleures; et depuis les tems des Goltzius et des Muller, on n'a pas fait des progrès proportionnés, en exceptant toutefois les chef-d'œuvres des graveurs de Rubens. Mais lorsqu'on compare la maniere noire d'aujourd'hui avec son état primitif, elle est devenue un nouvel art. Quand nous considérons quelques unes des plus belles pieces nouvelles, par exemple le Rabbin, Miss Lascelles, Garrik entre la comédie et la tragédie, les chef-d'œuvres d'un Earlom, d'un Green, avec un grand nombre d'antres morceaux des meilleurs artistes, ils surpassent autant les ouvrages de White et de Smith, que ceux-ci surpassent ceux de Beket et de Simon. Quant aux pieces de Siegen et du Prince Robert, il s'en rencontre rarement qu'on puisse donner avec certitude pour être de leurs mains; mais celles que nous voyons avec leurs marques sont toutés aussi noires, aussi rudes et aussi desagréables à l'œil, que les ouvrages des maîtres venus immédiatement après les inventeurs. D'ailleurs l'invention même est excellente, et notre premiere reconnoissance est dûe à ces anciens maîtres. Mais à mon sens la gloire est préférablement dûe à l'artiste qui a porté à un haut degré de perfection les foibles commencemens d'un art important. Par la suite le mécanisme est venu seconder les maîtres de la maniere noire : moyennant ce mécanisme on est parvenu à pratiquer sur les planches un fond absolument inconnu aux premiers maîtres; et les connoisseurs de la maniere noire savent combien il est important de travailler sur un fond bien préparé.

La propiété essentielle de la maniere noire est le moëlleux : de-là elle convient principalement au portrait et aux sujets historiques de peu de figures mais d'une certaine grandeur. Si nous en exceptons les tableaux, rien ne peut mieux rendre les carnations, les cheveux flottans, les plis des draperies, l'éclat des armes, que la maniere noire; elle seule peut faire illusion à l'œil et en imposer à l'imagination par une imitation délicate du coloris: thèse qui est prouvée entres autres par la belle estampe d'après Rembrandt, représentant le Prophète Elie qui ressuscite le fils de la Sunamite. Dans les feuilles gravées au burin et à l'eau forte, il faut passer par dessus les tailles croisées en losanges et en carrés qui ne se trouvent pas dans la nature, tandis que la maniere noire nous représente les surfaces des corps tels qu'ils sont effectivement. Toutefois dans les compositions un peu chargées de figures, elle ne peut pas assez relever les parties séparées, et quand les figures sont petites, elle ne peut pas assez les déterminer par le contour. Le fond inégal d'une planche préparée pour la maniere noire, fait qu'on ne peut pas trop bien dessiner dessus, et les extrémités, les mains et les pieds, prennent une apparence difforme. Quelques artistes ont prétendu remédier à ce défaut, en traçant le contour des figures, soit avec le burin, soit avec la pointe. Mais leurs essais ont eu le plus mauvais succes, parce que la ligne aiguë et le fond adouci n'harmonisent pas ensemble. Je ne parle pas de la sage combinaison de l'eau forte avec la maniere noire, dont George White s'étoit servi autrefois et dont nos meilleurs artistes se servent encore pour donner plus de force à certaines parties. On sent que je ne parle ici que des contours durs et mal raisonnés.

Les pieces en maniere noire surpassent toutes les autres gravures, parce qu'elles sont capables de produire les plus beaux effets de jours et d'ombres dont on peut faire la plus heureuse combinaison. C'est ce que Rembrandt paroît avoir remarqué sans doute après avoir vu quelques uns des premiers morceaux en maniere noire. Le bel effet de ces pieces dût nécessairement exciter son admiration. Il chercha à produire le même effet par le moyen de l'eau forte en croisant les tailles de tous sens; et son génie sut si bien vaincre les difficultés, que ses chef-d'œuvres, relativement au clair-obscur, surpassent tout ce que la maniere noire peut produire.

On ne peut gueres tirer qu'une centaine de bonnes épreuves d'une planche en maniere noire, attendu que le frottement avec les mains les use et les rend bientôt lisses. Cependant à force de soin et de réparation on peut tirer quatre à cinq cens épreuves passables. Les toutes premieres épreuves ne sont pas toujours les meilleures, parce qu'elles sont trop noires, et qu'elles montrent trop d'acretés. Les plus belles sont ordinairement celles depuis cinquante jusqu'à cent. Alors les pointes acres du fond se sont perdues, et pourtant la planche a conservé encore de la force et de l'éclat.

Section III.

Du goût des Estampes, envisagé du côté de l'u-
tilité et de l'agrément; avec quelques régles pour
former une collection intéressante sans
être fort nombreuse.

Le goût des Estampes, considéré du côté moral, comme l'avance du Bos à l'égard de celui des tableaux, offre de grandes ressources aux riches désœuvrés, si souvent accablés du poids de leur loisir. Ce goût les empêche de se laisser entraîner à des penchans, souvent funestes à leur santé et à leur fortune. Pour les gens tout livrés aux occupations de leur état, ils n'ont pas besoin de ces ressources. Le spectacle des beaux-arts, dit Pline, est fait pour les hommes qui ont du loisir, et non pas pour ceux qui sont condamnés à cultiver un champ ingrat. Mais sans parler des oisifs, les gens occupés ont aussi besoin de délassement après leur travail, et rien de plus propre pour cet effet que la jouissance des beaux-arts. Toutefois, pour goûter ces fruits de l'esprit, il faut des dispositions naturelles et des connoissances acquises. Le vrai sentiment

Introduction.

du beau, ou le vrai goût des arts, est aussi un don de la nature que l'éducation et l'instruction développent : sans cette heureuse disposition, l'instruction et l'éducation sont inutiles. On sait qu'il est des esprits si obtus que leurs yeux sont absolument fermés au spectacle des arts, et vouloir donner des notions du beau à de pareils esprits, c'est vouloir expliquer la théorie des couleurs aux aveugles. J'entens par les esprits obtus, les hommes qui ne connoissent que les fonctions de la vie animale, et qui passent à côté de la nature et de l'art sans voir ni l'une ni l'autre. Le goût des arts étant un sentiment particulier, on sent que je ne parle pas ici de ces hommes, d'ailleurs d'un vrai mérite, qui livrés à d'autres occupations, ou à d'autres amusemens, ne trouvent aucun charme à la contemplation des arts d'imitation.

Revenons au goût particulier pour les estampes, et considérons le du côté de son agrément et de son utilité. Comme on ne désire pas seulement de communiquer à l'amateur la connoissance des estampes, mais qu'on voudroit encore lui inspirer l'amour de ce genre de curiosité, nous allons appuyer notre éloge de la gravure de celui de Gersaint et de Mariette, deux hommes qui ont parlé de cet art avec connoissance de cause et avec l'expression du sentiment.

Lorsqu'on fait attention à l'unité et aux agrémens de la gravure, on est surpris de voir qu'il ne se forme pas en ce genre un plus grand nombre de curieux. Il faut être riche pour pouvoir faire un choix délicat de tableaux, et encore plus il faut un tact de la plus grande finesse pour n'y être point attrapé; les dessins dont l'ouvrage est ordinairement tout esprit, exigent une connoisance consommée pour y pouvoir être sensible et en goûter tout le plaisir: mais les estampes, dont la connoissance est plus facile à acquérir, sont de tout âge, de tout état et de toute faculté; cette curiosité étant moins couteuse, quand on sait se borner, on peut y atteindre plus aisément, et comme elle renferme quantité d'objets de différens genres, elle devient d'une utilité universelle.

Les estampes intruisent la jeunesse par l'impression vive qu'elles gravent dans son imagination, et elles la récréent en même tems: les instructions qu'elle en reçoit sont plus promptes et elles ont plus de force et de durée que la parole. Si vous voulez qu'un jeune enfant apprenne avec fruit quelque trait d'histoire, amusez-le par la représentation de cette histoire, en lui expliquant le sujet, il oubliera rarement les impressions que feront sur lui les différens caracteres qu'il remarquera dans l'ordonnance de ce sujet.

Les estampes servent aussi d'agréable entretien à la vieillesse qui n'est plus dissipée par les passions du premier âge, et lui rappellent les idées de nombre de choses que le tems avoit effacé de sa mémoire. Indépendamment des infirmités, la vieillesse a souvent de certains défauts, compagnons incommodes, qui font qu'on l'abandonne à elle-même. Alors plus de société, tout finit. Dans cet abandon, quelle ressource pour elle, de pouvoir appeler à son secours un porte-feuille dont la variété des sujets et la beauté du travail dissipent son ennui, et égayent son esprit!

Outre les agrémens que procurent les Estampes, quel profit n'en tirons nous pas ? Elles nous représentent les choses absentes comme si elles étoient devant nos yeux, elles nous rapprochent les pays les plus éloignés et nous les rendent aussi familiers que les nôtres : elles nous font profiter de nombre de beautés qui existent dans ces pays, et dont nous ne pourrions jouir sans ce secours : elles nous rendent contemporains les plus grands hommes des siècles antérieurs, avec lesquels elles nous font vivre, pour ainsi dire, par leur ressemblance qu'elles tracent à nos yeux. Si les anciens avoient eu les mêmes avantages, nous connoîtrions par le moyen des Estampes tout ce qu'ils ont possédé de beau et de curieux. Ces temples et ces palais dont il est tant parlé dans l'histoire, ces ouvrages respectables des Egyptiens, des Grecs et des Romains ; ces monumens si vantés, dont la description ne nous donne qu'une légere et imparfaite idée ; ces statues si célébres dont les tristes débris sont encore aujourd'hui l'admiration et les regrets des connoisseurs ; enfin toutes ces merveilles de l'antiquité, n'auroient-elles pas été transmises à la postérité par le secours de la gravure, et ne serions-nous pas devenus par ce moyen héritiers de toutes ces richesses ?

Introduction.

Rien n'est aussi plus propre à nous former le goût que les estampes ; elles nous donnent une teinture des beaux arts; elles nous aident à parvenir à la connoissance des tableaux : quand ont veut les examiner avec attention, elles nous font facilement découvrir les manières affectées à chaque école et à chaque maître, et nous donnent l'idée et pour ainsi dire la possession d'un nombre infini de morceaux de peinture qu'on ne pourroit acquérir sans un argent immense. Tous ces effets sont généraux, et chacun en peut ressentir de particuliers, suivant l'étendue de son goût, de ses lumières et de son inclination. Il n'y a personne de quelque profession qu'il soit qui ne puisse tirer une grande utilité et une grande instruction des productions de cet art qui ont été multipliées jusques à présent en tant de genres, qu'on peut y puiser toutes les connoissances qui nous sont nécessaires.

Il est étonnant que les anciens qui excelloient à graver sur les pierres précieuses, sur les cristaux et même sur les métaux, en creux et en relief, n'aient pas inventé l'art de tirer des empreintes des ouvrages qu'ils exécutoient. De tout tems on frappoit des médailles, on tailloit des lettres sur toutes sortes de corps durs, on jettoit des ouvrages en fonte. Dès l'onzieme siècle on trouve des figures gravées au simple trait sur des plaques de laiton qui couvrent les tombeaux de nos anciennes églises et qui ressemblent entièrement à nos planches gravées.

Cependant la gravure sur métal dans l'intention d'en tirer des empreintes, ne date pas plus haut que le milieu du quinzieme siècle; celle en bois, qui paroît avoir fait naître l'imprimerie, ne peut constater qu'une antériorité de cinquante ans, comme on le verra ci-après aux articles de la gravure en Allemagne et en Italie.

Il est certain, que si les Anciens avoient pratiqué cet art, les savantes et ingénieuses productions des Timanthes et des Apelles auroient échappé à la fureur du tems et seroient parvenues à nous, ainsi que les ouvrages d'Homere et de Virgile. La gravure, dont nous parlons ici, a eu en effet cet avantage. Cet art peut faire passer dans tous les pays de la terre, et transporter aux siècles à venir, ce
qu'il

qu'il y a de plus précieux et de plus divin dans les ouvrages des grands peintres; leur donner des éleves dans les lieux où il n'y a point de tableaux et mettre la postérité la plus reculée en état de rendre justice à leur mérite et d'étudier encore d'après eux, quand même tous les ouvrages de leurs mains auroient été anéantis. Le nombre d'estampes qui se tirent de la même planche, et la maniere dont on les garde, les feront survivre à la plupart des tableaux qu'elles représentent.

Les descriptions d'un tableau, que les poëtes et les autres écrivains peuvent faire, ne sauroient être que des explications, trés-utiles à la verité pour ceux qui l'ont sous les yeux; elles leur donnent l'intelligence des traits d'esprit que le peintre y a mis et qu'ils n'auroient pas devinés; elles leur font sentir les coups de maîtres que peut-être ils n'auroient pas apperçus; mais il n'y a pas de discours qui puisse dessiner un tableau dans l'imagination de celui qui ne l'a pas vu. Comme on ne sauroit concevoir bien distinctement ce que les voyageurs écrivent touchant la situation et la division d'un pays sans en avoir la carte géographique; de même on ne sauroit se faire une idée claire et précise d'un tableau que du moins on n'en ait vu le dessin. Lucien nous a laissé la description très-circonstanciée d'un tableau célebre d'Appelles, où le peintre avoit représenté, sous le symbole d'une allégorie ingénieuse, le mariage de Roxane avec Aléxandre, qui l'épousa uniquement parce qu'il l'aimoit. Raphaël et plusieurs autres peintres modernes ont entrepris de faire revivre ce tableau, en le reproduisant sur ces mémoires que Lucien nous a laissés. Ce qui fait bien voir que la notion, que les descriptions donnent d'un tableau, n'est qu'une notion vague, et combien il s'en faut que l'idée qu'elles en tracent dans notre imagination, ne soit une idée exacte et précise: nos peintres qui tous ont prétendu suivre Lucien pas-à-pas ne se sont point rencontrés. En prenant pour modele la même description, ils ont fait des compositions différentes: enfin chacun de nous peut avoir appris par sa propre expérience, que l'idée qu'on s'étoit formé d'un tableau qu'on n'avoit pas vu et qu'on s'étoit faite sur

Introduction. 67

la description, se trouvoit, quand on venoit à le voir, n'être qu'une idée chimérique.

A ces vues générales snr les différentes manieres d'envisager les productions de la gravure, nous ajouterons encore quelques avis particuliers sur la connoissance des Estampes pour l'instruction des amateurs encore novices.

Le nombre des curieux et même des connoisseurs dans toutes les classes des citoyens, est assez considérable de nos jours. La facilité de satisfaire son goût sur cet objet séduit beaucoup de monde. Chacun se propose un but particulier en achetant des Estampes, mais les motifs sont divers. On est amateur par air, par imitation et par goût. Ceux-là amassent à grands frais une nombreuse collection pour se donner la réputation de connoisseur. Ceux-ci achetent des pièces brillantes en haute estime dans le public. Ces derniers, sinon les plus nombreux, du moins les plus sensés, se composent une collection de choix, soit pour étendre leurs connoissances et tirer des résultats sur le génie des artistes et sur les révolutions des arts, soit pour réparer par la vue des Estampes, l'absence des tableaux. Il est encore des amateurs délicats, qui se bornent à une petite quantité de morceaux; mais ils les veulent capitals et de la plus belle conservation. De-là ces prix excessifs de quelques Estampes dans les ventes publiques et chez les marchands de cette sorte de curiosité.

Au reste le goût des Estampes a toujours été une affaire de mode pour les amateurs vulgaires. Il fut un tems où l'on ne vouloit que des Estampes françoises, et les plus recherchées étoient celles d'après Watteau et Boucher. Aujourd'hui on ne veut que des pièces angloises. On sent que ce goût de mode n'a jamais été adopté par le vrai connoisseur: content de posséder un beau morceau, il lui importe peu qu'il vienne de Paris ou de Londres.

Tout curieux qui se propose de se former une collection d'Estampes, propre à servir à son instruction et à son amusement, fera bien de se prescrire de certaines règles dans ses acquisitions et surtout de savoir se modérer. La curiosité est ardente: rien de plus facile que de se laisser entraîner trop loin, et que le goût ne se change en passion. Sur cet article je donne le précepte et non pas l'exemple. Je conseillerois à l'amateur novice de commencer par se procurer une certaine quantité de beaux morceaux de différens maîtres, d'étudier sur ces morceaux la façon d'opérer de chaque graveur, sans jamais s'attacher à former l'œuvre d'un maître. Cette derniere méthode, aussi commune que dispendieuse, ne fait que nous retrécir le goût, en nous faisant apprécier les productions de la gravure suivant le rapport qu'elles ont avec notre artiste favori. Quel génie peut se vanter d'avoir toujours été égal à lui-même, et de n'avoir jamais rien produit de médiocre? Il faut être riche pour former l'œuvre de Rubens, ou de Rembrandt, et le curieux qui aspire à la gloire de le compléter est souvent obligé de payer tout ce qu'on lui demande pour un morceau qu'il eût souvent mieux valu pour la gloire du maître qu'il ne l'eût pas fait. Je ne parle pas de l'amateur qui forme l'œuvre d'un artiste par l'attachement qu'il a pour lui. Rien sans doute de plus innocent que cet amusement, surtout dès qu'on n'affecte pas le goût de l'exclusion.

Un choix bien fait des plus fameux maîtres, depuis l'origine de l'art jusqu'à nos jours, sera aussi instructif et plus amusant qu'une collection qu'on appelle complette. Le grand inconvénient de ces sortes de collections est l'impossibilité d'en jouir avec agrément. L'illustre Prince Eugene de Savoie aimoit en général les productions des arts et celles de la gravure en particulier. Dans la recherche des Estampes il s'étoit proposé de former l'œuvre complet de chaque maître. Sa collection devint des plus immenses et des plus dispendieuses, l'on assure qu'elle lui couta au de-là de 500000. écus. Qu'on se figure, dans une collection de deux cens mille Estampes, la quantité de pièces médiocres qu'il faut parcourir avant d'en rencontrer une vraiment belle, surtout lorsqu'on veut voir un peu de suite un pareil amas. Au reste cette collection du Prince Eugène, en grande partie par Jean Mariette, et décrite par Pierre Mariette, fils, est conservée aujourd'hui dans le cabinet de l'Empereur à Vienne; et ce qui la rend précieuse, c'est qu'elle recèle véritablement des trésors pour l'artiste et pour le connoisseur, renfermant les premieres épreuves des plus célèbres graveurs anciens, et surtout plusieurs de ces épreuves rares retouchées et corrigées par les peintres. Telles sont particulierement quelques épreuves de Marc-Antoine avec des corrections et des instructions de la main de Raphaël pour le graveur. En général on peut avancer, que les collections complettes ne sont véritablement utiles que dans les cabinets publics, où elles peuvent être consultées par les artistes. Mais de toutes les collections les plus fastidieuses sont celles où l'on a plus songé à la quantité qu'à la qualité; et ce qui les rend surtout telles, c'est le grand nombre de copies. J'ai parcouru une fameuse collection, composée de plus de quarante mille pièces, et ayant cherché dans l'œuvre de Raphaël l'Estampe de la Transfiguration, j'y ai trouvé ce sujet gravé douze fois, sans y rencontrer la belle pièce du même sujet par Nicolas Dorigny.

L'amateur ne sauroit se tenir trop sur ses gardes contre un préjugé très-commun, qui est d'apprécier les choses sur parole et d'avoir une estime aveugle pour tel ou tel artiste. Le connoisseur ne s'en laisse pas imposer par le nom du maître; il n'est attentif qu'à la valeur réelle de la pièce qu'il a sous les yeux. Il n'en est pas ainsi du demi-connoisseur; un grand nom est pour lui un motif absolu d'approbation, et couvre les défauts les plus palpables. Rien donc de mieux, quand on n'est pas bien exercé à distinguer les différentes manieres des plus habiles graveurs, que d'acquérir une connoissance historique de quelques unes de leurs plus belles gravures, & de les mettre en parallele avec les plus belles pièces d'autres habiles maîtres. La connoissance des Estampes, comme il a déjà été dit, est infiniment plus facile à acquérir que celle des dessins et des tableaux. La touche du peintre est bien autrement difficile à saisir que le trait du graveur: pour l'une il faut de l'étude, ou du moins un certain tact, pour l'autre il ne faut que des yeux et l'amour de la chose.

N'être connoisseur que pour savoir le nom de l'artiste, et suspendre son jugement jusqu'à ce qu'on l'ait déchiffré, c'est une connoissanse trop mécanique: c'est juger l'ouvrage d'après le maître, et non pas le maître d'après l'ouvra-

Introduction. 73

ge. De-là ce grand nombre de pièces en haute estime dans la classe vulgaire des curieux. Leur demande-t-on, en quoi consiste leur beauté? Ils vous répondent: Elles sont d'Israel von Mecheln, de Marc-Antoine, de Rembrandt, de Callot et de tel autre maître; elles portent telle ou telle marque, telle ou telle différence. Les amateurs novices sont tous les jours la dupe de ce goût pour les petites choses; d'ailleurs les brocanteurs de ces sortes de curiosités ont inventé mille moyens pour leur en imposer. Le célèbre Picart, choqué avec raison de ce goût ridicule, voulut montrer au public combien il étoit absurde, d'avoir un respect aveugle pour les noms. Sous le nom de divers peintres qui ont gravé, il donna une suite de différentes pièces gravées à l'eau forte. Il y sut assez bien imiter les manieres de ces maîtres, pour tromper plusieurs de ces curieux admirateurs sur parole: ils acheterent ces morceaux comme venant du Guide, de Goltzius et surtout de Rembrandt. A cette occasion il donna à sa suite le titre d'Impostures innocentes. Mais l'ouvrage ne parut sous ce titre qu'après sa mort en 1738. Par ces pièces on conçoit que l'amateur vulgaire a pu être trompé, mais non pas le connoisseur éclairé.

Un autre travers parmi les prétendus connoisseurs, c'est de juger du mérite d'une pièce par la difficulté de la trouver. Dans le fond la rareté d'une belle Estampe, n'ajoute rien à sa beauté essentielle; et vouloir donner cette rareté pour une preuve de sa bonté, c'est attribuer tout le mérite d'une pièce à ce qui n'est que l'effet du hazard. Ce travers, comme tant d'autres, est fondé sur la vanité: on veut posséder une pièce que tout le monde n'est pas en état de se procurer. On pourroit citer un grand nombre d'exemples de ces étranges préjugés. Le Clerc dans sa belle Estampe de l'entrée d'Aléxandre dans Babylone, avoit représenté ce roi de profil. Le fameux Duc d'Orléans, Régent de France, ayant reçu ce morceau de la main de l'artiste, en fut très-content; la seule chose qu'il y trouva à redire, c'étoit que la figure principale paroissoit de profil. En conséquence de cette remarque judicieuse, le graveur effaça la tête et la regrava de face. Mais comme on avoit tiré un bon nombre d'épreuves avant ce changement, il arrive aujourd'hui que les amateurs payent ces premières épreuves dix fois plus cheres. Il en est de même d'une grande pièce de Van Dyck gravée par Bolswert. Elle représente un Christ en croix; un soldat lui présente l'éponge, et au bas se voient la Vierge et St. Jean debout, avec la Madeleine à genoux. Aux premières épreuves de cette belle Estampe, on ne voit pas la main de St. Jean sur l'épaule de la Vierge; mais comme on en tira peu, elles sont d'une grande rareté. Aux secondes, qui sont assez nombreuses, l'on ajouta cette main, et aux troisièmes on l'effaça, pour rendre apparemment celles-ci semblables aux premières; mais ces dernières se connoissent facilement par leur mauvaise qualité, par les tailles assez mal reprises à l'endroit de la main, et par une partie de l'écriture effacée et le nom du peintre transposé. C'est par la confrontation de ces trois sortes d'épreuves, que M. Basan, dans son Dictionnaire des Graveurs, a tâché de détromper sur cet article les Curieux qui, à cause de la rareté des premières épreuves, ont porté leur jugement sur les secondes et les troisièmes, et ont conclu que celles où St. Jean a la main posée sur l'épaule de la Vierge, étoient les premières. Les amateurs qui ne jugent que d'après l'opinion, ne sont pas encore d'accord sur les premières, les secondes et les troisièmes épreuves; ils la payent toujours, non à raison de sa beauté originale, mais à raison de l'idée de sa rareté. Les artistes et les marchands de ces curiosités ont toujours cherché à donner de l'importance à cette opinion, et ils ont un intérêt visible à la maintenir. Rembrandt connoissoit bien le goût des curieux de son tems; tout le monde sait le parti qu'il savoit tirer des changemens qu'il faisoit à ses planches, et sa femme qui savoit ce manége aussi bien que lui, le secondoit parfaitement.

Il est bon encore d'avertir les amateurs de ne pas acheter des copies pour des originaux. La plupart des Estampes capitales des grands maîtres ont été copiées, et quelqus unes l'ont été si heureusement qu'il est facile d'être trompé, quand on n'a pas encore le gout du discernement. Lorsque les copies sont aussi belles que les originaux, le nom seul du graveur n'y fera pas une grande différence. Mais il en est ordinairement des ces copies, comme de ces traductions faites d'après des traductions: il leur manque toujours l'esprit de l'original, et la crainte de s'en écarter imprime à la planche une certaine roideur. Quand on les compare l'une à côté de l'autre on en voit la différence. C'est ce qui arrive surtout par rapport aux copies faites par François Ragot des plus belles Estampes de Bolswert, de Vorsterman et de Pontius, d'après Rubens et de van Dyck. Quelque belles que paroissent ces copies à la première inspection, elles perdent une grande partie de leur mérite à la comparaison. La Ste. Famille de Frey d'après Raphaël est certainement une belle Estampe; cependant elle ne se soutient pas à côté de l'original d'Edelink.

Au reste il n'est pas aisé de donner des régles sûres pour distinguer les originaux des copies. Dans la plûpart des cas, il suffit de connoître la marque et le nom du graveur pour savoir à quoi s'en tenir. Rarement le copiste a la témérité de les contrefaire. La difficulté n'est donc que par rapport aux Estampes où l'on ne trouve ni nom ni marque. Tout ce qu'on peut faire alors, c'est de prendre garde à la liberté de la main, à la fermeté du dessin, sur tout dans les extrémités, ainsi qu'à la hardiesse du contour et à la finesse de l'expression; toutes parties que le copiste est fort sujet à manquer. Naturellement c'est par le moyen des bonnes épreuves qu'on distingue le mieux l'original de la copie. D'ailleurs pour avoir ce tact fin qui saisit avec discernement les beautés d'une gravure, il faut le tems et la réflexion : la justesse du jugement ne s'acquiert qu'à force de voir et de comparer. Connoit-on une fois les manieres des artistes, on ne s'en laisse pas facilement imposer. Faute de cette connoissance on est souvent dans le cas d'être attrapé; de peur de l'être on fait bien de consulter un amateur plus exercé.

Pour conclusion nous conseillerons encore aux amateurs, de se tenir sur leurs gardes contre les mauvaises épreuves. On risque d'avoir de mauvaises épreuves, de trois manieres. Premièrement, quand la planche a été mal tirée par la faute de l'imprimeur; secondement quand elle est usée par le tirage. Il y a une grande différence entre les premières et les dernières épreuves, comme nous l'avons déjà dit; celles-ci pâles et sans effet, ne conservent guere que le dessin du maître ou la composition; mais elles manquent de force et d'esprit. C'est surtout dans les Estampes en manière noire qu'il faut tâcher d'avoir de bonnes épreuves; car la plus insipide de toutes les gravures est celle qui vient d'une planche usée dans ce genre. Troisièmement quand la planche a été retouchée. Cette opération se fait quelquefois par le maître lui-même. Dans ce cas les épreuves perdent quelque chose de leur fraicheur; mais elles conservent encore une partie de leur esprit primitif. Le pire qui puisse arriver aux planches, c'est de tomber entre les mains de ces ouvriers qui gratent les planches au lieu de les retoucher, qui détruisent et tuent l'harmonie et l'esprit de l'original. C'est de cette dernière qualité que sont la plûpart des anciennes planches retouchées en Italie, ainsi que les épreuves du jour de Jacob Frey, regratées par son fils, Philippe Frey. Comme les bonnes épreuves de quelques Es-

tampes fameuses de nos tems, telles que quelques pièces de Balechou et de Woollet,
sont montées à un prix exorbitant, il faut
souvent se contenter des impressions couran-
tes. Dans ce cas je préférerois encore les
épreuves foibles aux épreuves retouchées.

Ecole

ECOLE ALLEMANDE.

F

De la Gravure en Allemagne, depuis son origine jusqu'à nos jours.

Nous entendons par la Gravure dont il est question ici, de tirer des empreintes des ouvrages exécutés sur des planches de métal, ou sur d'autres corps durs, et non l'art de graver en creux et en relief, pratiqué dans la plus haute antiquité, ainsi que dans tous les tems modernes. Le quinzieme siècle, si fécond en découvertes de tout genre, donna aussi naissance à cet art; mais ils est assez difficile de débrouiller l'obscurité de son origine et de lui assigner une patrie. De tous tems les Allemans et les Italiens se sont disputés la gloire de cette invention : s'il m'est permis de dire mon sentiment sur ce point, je crois que la victoire est restée aux premiers. Du reste chacun a la liberté sur cet article d'embrasser telle opinion qu'il voudra. Le point contesté concerne principalement l'invention de la Gravure au burin; et comme la Gravure en bois est incontestablement antérieure à celle sur métal, l'ordre exige que nous commencions cette discussion par la premiere en date.

L'opinion la plus généralement reçue est, que la Gravure en bois nous vient des cartiers, ou faiseurs de cartes à jouer, nommés en allemand Formschneider (tailleurs de formes ou de moules) parce que le mécanisme en est à peu près le même, surtout par rapport aux cartes allemandes. L'origine des cartes est suffisamment prouvée, en Allemagne: il résulte des recherches de nos savans, qu'elles y étoient en usage dès l'année 1300. sans pouvoir toutefois fixer positivement cette date.

Or l'impression des cartes et celle des images étoient anciennement la même chose. Apres avoir chargé de noir la planche de bois, ou le moule, on y appliquoit une feuille de papier humectée; en suite on passoit plusieurs fois sur cette feuille un frottoir de crin, ou une bande d'étoffe, et l'on frottoit le papier sur le moule: cette opération faite, l'empreinte de l'image paroissoit sur le papier. Qu'on examine les anciennes Gravures en bois et les anciennes images imprimées d'un côté, on découvrira aisément tout le mécanisme sur le revers de la feuille, qui est lisse et quelquefois maculée.

Indépendamment de ces moules, les cartiers allemans employoient encore des patrons découpés pour enluminer les cartes avec des couleurs. Il leur en falloit même plusieurs pour donner aux figures les différentes teintes. C'est là ce qui a produit l'enluminure des images, telle qu'on la trouve dans quelques uns des anciens livres imprimés en Allemagne. Les ouvriers qu'on y employoit s'appelloient Briefmaler, peintres de cartes. Les procédés de ces Briefmaler, indiquent évidemment que la gravure en bois, l'impression et l'enluminure marchoient de front: or cette triple opération de la Gravure et de l'impression, combinée avec la peinture, ouvroit à la fois la porte à l'impression des planches gravées et à celle des livres. Ces peintres faisoient et vendoient non seulement toutes sortes de cartes à jouer, mais ils imprimoient et enluminoient aussi toutes sortes d'images. Il se pourroit même, que l'impression des images eût précédé celle des cartes, comme l'a fait voir feu Mr. Breitkopf dans son Traité de la Gravure en bois. Le succès excitant encore l'industrie de ces peintres, leur fit naître l'idée, de faire tailler les images des saints par les Graveurs en bois, au lieu de ces figures grossieres empreintes sur les cartes: idée dont ils pouvoient espérer d'autant plus de profit qu'alors la dévotion pour les images des saints, étoit montée au plus haut degré et qu'à toute occasion le clergé distribuoit de ces images aux dévots.

Les fameuses bibliothèques en Allemagne, entre autres celle de Wolfenbuttel, conservent une quantité de ces images enluminées à la maniere des cartes à jouer. Dans la Chartreuse de Buxheim en Suabe, monastere de la plus haute antiquité, on voit une de ces images, représentant St. Christophe qui porte l'enfant Jésus sur ses épaules et qui traverse un bras de mer; devant le saint est un hermite qui tient une lanterne pour l'éclairer, et derriere lui un paysan vu par le dos, portant un sac et montant une montagne. Cette pièce, gravée en bois, est enluminée dans le goût des cartes allemandes. Au bas de l'estampe, collée sur la reliure d'un vieux livre du quinzieme siècle, on lit une inscription en lettres Gothiques avec la date de l'année 1423.

Après ces images de Saints, taillées en bois

on grava aussi des sujets d'histoire, et on y ajouta une explication, taillée de même. Telle est l'origine des premiers livres imprimés avec des tables de bois. Ce sont ces livres, suivant l'opinion reçue, qui ont donné à Guttenberg l'idée d'inventer l'art typographique. Ce Guttenberg, esprit entreprenant s'associa avec d'autres, et fit une infinité de tentatives infructueuses. Après la dissolution de sa société à Strasbourg, il se retira à Mayence, sa patrie. Là il s'associa avec Jean Fust, que quelques uns nomment Faust, orfèvre et homme aussi entreprenant que lui. Ce fut quelque tems après, à ce qu'on prétend, qu'ils donnerent ensemble un Donat et d'autres livres qui passent pour les premieres impressions. Ces livres, imprimés avec des lettres fines, épargnés sur des tables de bois, n'étoient pas ce que cherchoit Guttenberg: il vouloit trouver l'art d'imprimer avec des lettres mobiles toutes sortes de manuscrits. S'étant aussi brouillé avec Fust, il se vit frustré du fruit de ses travaux par celui-ci, qui s'étoit associé avec Pierre Schoeffer.

Cependant à force de recherches, on avoit

trouvé les poinçons et les matrices pour fondre les lettres de métal. Le premier fruit de cette découverte importante fut, selon Jean Trithème, la publication de la Bible, entre 1450. et 1452. publication qui est contestée; mais ce qui ne l'est pas, cet l'impression du Psautier par Fust en 1457.

Dès que l'Imprimerie fut inventée, la gravure en bois fut employée à l'ornement des livres. Les noms de la plûpart des graveurs qui ont travaillé à cette partie, ne nous sont pas parvenus; on les confond le plus souvent avec les imprimeurs. Ceux qu'on peut ranger dans cette classe avec un peu plus de certitude, sont Hans Sporer, Jörg Schapff, Johann von Paderborn, Jacob Walch, maître de Wolgemut. Les autres graveurs en bois, ou Formschneider, comme Johann Schnitzer, Sebald Gallendorfer, Hans von Culmbach et Michel Wolgemut, le maître de Durer, sont tous connus par leurs ouvrages. Cependant cet art ne fut entièrement perfectionné en Allemagne qu'au commencement du seizième siècle. Ce fut à cette époque que parurent Hans Burgkmair,

Ursus Graff, Wilhelm Pleydenwurff, enfin Albert Durer, et plusieurs de ses contemporains. Tous ces maîtres, et plusieurs autres encore, publièrent un grand nombre de tailles de bois, toujours très-recherchées par les curieux.

La Gravure en bois a fait naître celle en clair-obscur, comme nous l'avons déja observé dans notre Introduction. Les Italiens prétendent, qu'Hugo da Carpi fût l'inventeur de cette Gravure; mais elle a été certainement pratiquée en Allemagne avant qu'elle le fût en Italie. Un très-ancien graveur allemand s'est distingué dans ce genre, et ses estampes, toutes gothiques qu'elles sont, font un effet admirable, quant au clair-obscur. C'est l'artiste que les Allemands nomment Jean Ulric Pilgrim, et que les François d'après l'Abbé de Marolles appellent le maître aux Bourdons croisés, parce Pilgrim-stab signifie en françois bourdon. On place dans la même époque un graveur en bois, nommé Mair, de qui on a des estampes en clair-obscur. On sait qu'Albert Durer a publié plusieurs morceaux dans ce goût, et Lucas

Cranach a donné dans la même maniere une piéce datée de 1500.

Revenons à la gravure au burin, ou en taille douce. Par l'inspection des anciennes Estampes, tant allemandes qu'italiennes, on peut aisément se convaincre que cette Gravure a été inventée par les orfèvres avant que les peintres et les graveurs l'eussent pratiquée. Nous savons que les orfèvres employoient sur les plaques, dont ils tiroient des empreintes, les mêmes procédés que sur les ouvrages d'orfévrerie; que pour se distinguer entre eux, ils mettoient sur leurs productions les lettres initiales de leur nom, ou leur chiffre. De-là nous pouvons aussi rendre raison de cette quantité de mauvaises estampes de ces premiers tems, dont la plûpart sont des copies, faites d'après les pièces allemandes et italiennes, et marquées avec des chiffres inconnues. C'est qu'alors tout apprentif orfèvre étoit obligé de graver une Estampe pour montrer son savoir faire.

Sans nous arrêter à de vaines conjectures, il résulte des recherches faites sur l'invention de la Gravure au burin, que le plus ancien

Graveur, dont on sache l'époque, est Martin Schoen. Ce Martin Schoen, que les François appellent le beau Martin, les Italiens le buono Martino, et les Flamands le hubsche Marten, s'étoit établi à Colmar où il mourut, comme nous le dirons ci-après. C'est Albert Durer qui rapporte ces particularités : il nous apprend aussi, que Durer son père avoit voulu l'envoyer à Colmar et le mettre sous la direction de cet artiste, lorsque la nouvelle de sa mort arriva à Nuremberg.

Cependant on ne peut pas avancer, que Martin ait été l'inventeur de l'art de graver au burin; une preuve qu'on a gravé longtems avant lui en Allemagne, c'est qu'en examinant les estampes de ce maître, qui sont gravées suivant toutes les apparences entre les années 1460. et 1486. on y trouvera un outil déja formé. La plûpart des pièces de Schoen, même celles qui représentent des ouvrages d'orfèvrerie, sont exécutées avec une intelligence et une finesse admirable. Parmi un assez bon nombre d'estampes de son burin, il y a une Passion, copiée d'après un graveur antérieur qui ne s'est pas nommé et qui s'est designé par cette marque : ⚲⚲8.

Or quel qu'ait été le maître de Schoen, toujours faut-il qu'il ait été antérieur à son disciple. Donnons lui seulement dix ans de plus, et nous aurons l'année 1450. époque où certainement la Gravure fut pratiquée en Allemagne. Nous pouvons même citer un artiste plus ancien avec le chiffre bx8. Les productions de ce graveur, d'une exécution des plus gothiques, portent l'empreinte de la plus haute antiquité, et font voir qu'elles viennent pareillement d'un orfèvre.

Sandrart cite une Estampe datée de 1455. et marquée du chiffre ℍ. Ce seroit là le premier morceau qui porteroit une date, dont l'omission jette tant d'obscurité sur les anciennes gravures. Le sujet de cette pièce est un vieillard qui caresse une jeune fille, laquelle lui tire de l'argent de sa bourse; sujet souvent traité par les anciens maîtres. Au reste M. de Heinecke, qui avoit connoissance des plus fameux cabinets d'estampes, avoue de n'avoir jamais vu cette pièce avec la date. Il pense que le chiffre en question est celui de Hans

Scheuffelein le vieux, comme nous le dirons encore à l'article de Hans Scheuffelein le jeune. Sans nous étendre d'avantage sur les graveurs de ces tems obscurs, connus seulemeut par leurs chiffres, je me contenterai de citer encore deux estampes marquées; l'une d'un G. avec l'année 1466. et l'autre d'un X. Voyez ci-après l'article de Glockenton.

L'histoire de la gravure fait mention encore de deux graveurs, dont les productions remontent jusques à la naissance de cet art. Ce sont les Israël von Mecheln, pere et fils, tous deux orfèvres et natifs de Mecheln ou Mekenen, dans le diocèse de Munster en Westphalie. S'étant établi à Bockholt, petite ville près du bourg de Meckenen, ils signerent quelquefois leurs ouvrages de ce endroit. On a le portrait du pere, gravè par le fils, avec cette inscription: *Israel von Meckenen, Goldschmit.* C'est la tête d'un vieillard à grande barbe, qui sera spécifiée ci-après.

Les estampes de ces maîtres, en les examinant de près, font voir qu'elles ne viennent pas d'une même main. Il y a tout lieu de croire qu' Israël le pere en a gravé plusieurs, surtout celles qui ont l'air plus gothique et qui tiennent le plus de la pratique des orfèvres. Parmi les gravures du fils, qui étoit en même tems peintre et dessinateur, il se trouve quelques morceaux qui ont leur mérite.

D'ailleurs le style des Israëls différe entièrement de celui de Martin Schoen, quoiqu'ils eussent copié plusieurs morceaux de celui-ci, et notamment la fameuse estampe de St. Antoine battu par les démons. Cette différence de style autoriseroit à supposer qu'ils ont eu des maîtres qui différoient de l'école de Schoen. En effet leur maniere semble tenir de celle de van Eyck, ce qui ouvriroit un nouveau champ aux conjectures. Quoi qu'il en soit, on peut placer les gravures des deux Israëls entre 1450 et 1527. Pour le fils, il est certainement postérieur à Martin Schoen: on a de lui une estampe datée de 1502. On prétend même qu'il a été à Nuremberg, consulter Albert Durer.

D'après cet exposé, l'antériorité de la gravure en Allemagne, paroit constatée; mais il n'est pas moins certain, qu'on ignore jusqu'en ce jour le nom de l'inventeur. On ne sait pas non plus à quelle ville assigner la gloire de l'invention. Les lieux où l'on place communement ces inventeurs sont Culmbach, Bockholt, Nuremberg, Augsbourg &c.

On cite encore comme inventeur de la gravure en taille douce, un certain Franz von Bocholt, mais sans trop de fondement. On lui attribue les pièces marquées des lettres F. V. B. Nous n'en ferons pas une plus ample mention, d'autant plus que M. de Heinecke est assez tenté de regarder toute l'histoire de ce personnage comme une fable. V. Idée générale d'une Collection &c. p. 224.

On marche avec plus d'assûrance quand on arrive à l'époque de Michel Wolgemut, peintre et graveur de Nuremberg, connu par ses estampes marquées d'un W. On lui donne pour maître un certain Jacob Walch, qui marquoit aussi ses estampes d'un W. et du chiffre ⚛ mais ce n'est là qu'une conjecture, et l'on sait positivement qu' Albert Durer fut son disciple.

Né avec un heureux génie, Durer surpassa bientôt, pour ne parler que de la gravure en cuivre, tous les artistes dans ce genre par la vérité et la beauté de son travail. Sous sa main savante les progrès de cet art nouveau furent rapides. Il mettoit plus de dextérité dans la coupe du cuivre et plus d'aisance dans le maniement de l'outil. C'est encore à son esprit industrieux qu'on doit le perfectionnement de la gravure en bois et en clair-obscur, dont on a un grand nombre de pièces.

Nous devons aussi à Durer une découverte très-importante dans l'art moderne : c'est celle de la gravure à l'eau forte, que les Italiens attribuent au Parmesan vers 1530. Sandrart cite parmi les estampes de Durer dans cette dernière manière, le petit Ecce homo de 1515, le Christ sur la montagne des Olives de 1516, les Anges de la Passion, et le grand Canon 1518. Il prétend, que ces pièces sont trop bien exécutées, pour que cet art n'ait pas déja été éxercé avant cette époque.

Parmi les graveurs antérieurs ou contemporains d'Albert, il y en a eu plusieurs qui se sont distingués, et dont les estampes sont encore recherchées par les curieux ; mais aucun ne l'a égalé. Nous nous contenterons de citer les noms de quelques uns, tels que Martin

Za-

Zasinger, Albert Glockenton, Albert Altdorfer, Lucas Cranach, Lucas Kruger, et quelques autres dont il sera fait mention ci-après dans la notice de leurs ouvrages.

L'école de Durer a influé sur l'art en général et sur la Gravure en particulier. Il a formé plusieurs disciples dans ce dernier art; de ce nombre sont surtout ces graveurs en petit, si connus parmi les curieux sous le nom de petits Maîtres; tels que Barthel et Hans Sebald Beham, Grégoire Peins, faussement nommé George Pentz, Henri Aldegrever &c. L'on a de ces maîtres un très-grand nombre de petites estampes qui sont regardées par les connoisseurs comme de petits chef-d'œuvres. On trouve dans leurs compositions de l'intelligence, de l'expression et un burin d'une extrême netteté. Du reste ils s'écartoient peu de la maniere de leur maître : ils dessinoient la nature comme ils la trouvoient avec une précision singuliere, sans s'embarasser du choix des beaux modeles.

La fin du seizième et le commencement du dix-septieme siècle ont vu fleurir deux artistes, qu'on range encore dans la classe des pe-

G

tits maîtres; savoir, Théodore de Bry, pere, et Jean Théodore de Bry, fils, citoyens de Liège, et établis à Francfort sur le Mein. Leurs ouvrages très-nombreux sont fort estimés des connoisseurs, surtout ceux du fils, dont les productions décèlent autant de finesse que celles du pere et bien moins de sécheresse.

Matthieu Mérian, éleve et gendre de Jean Théodore de Bry, a peu gravé au burin, mais beaucoup à la pointe. Les gens de l'art estiment plus ses ouvrages que les gens de goût, à cause de la maniere expéditive et savante qu'il a traité l'eau forte. On desireroit plus de gentillesse dans son travail, surtout plus de légéreté dans le feuiller de ses arbres.

Mérian a eu la gloire de former un excellent disciple en Wenceslas Hollar, natif de Prague et gentilhomme comme Callot. Hollar ayant perdu tout son bien au commencement de la guerre de trente ans, se refugia à Francfort, où il se perfectionna dans la gravure à l'eau forte. Il est regardé comme un des artistes qui a le mieux imité avec la pointe le beau fini du burin. Au reste le maître et le disciple différoient beaucoup dans leurs manières : celle de Mérian offre une exécution plus large et plus brute, et celle de Hollar une manœuvre plus délicate et plus finie.

Le milieu du dix-septième siècle vit naître un nouveau genre de gravure, dont l'Allemagne est aussi le berceau, la Maniere noire. Comme la découverte de cette maniere est postérieure à celles que nous venons de discuter, sa naissance est aussi mieux constatée. Ce fut Louis de Siegen ou de Sichem, Lieutenant Colonel au service du Landgrave de Hesse-Cassel qui publia en 1643. la premiere Estampe dans ce genre, dont le sujet est le buste d'Amelie-Elisabeth, Landgrave de Hesse ; et ce fut de cet officier que le fameux Prince Robert apprit ce genre de Gravure. Ce Prince communiqua son secret à quelques artistes de Londres. Les commencemens ne sembloient pas promettre grand chose par l'incapacité des graveurs, lorsque George White, Jean Smith, et quelques autres attirèrent l'attention du public par leurs beaux portraits dans ce nouveau genre.

Depuis ce tems la Maniere noire a été portée à un tel point de perfection qu'il n'est guere possible d'aller plus loin.

Du reste ce genre de gravure a été cultivé en Allemagne depuis sa découverte jusqu'à nos jours. Nous avons un grand nombre de portraits et de sujets historiques, gravé dans ce goût par les Goetz, Heisse, Vogel, par la famille de Haid, et par plusieus autres, qui ont leur mérite, mais qui sont encore loin de la perfection des belles pièces angloises. Depuis peu les graveurs de Vienne semblent être ceux, qui se sont le plus distingués dans ce genre de gravure.

L'impulsion ayant été donnée aux arts en Allemagne, les artistes se multiplièrent de tous côtés. Les villes impériales en général, et Nuremberg et Augsbourg en particulier, ayant conquis la liberté et acquis plus d'aisance, virent bientôt régner dans leur sein l'industrie et les arts. On a vu que celle de Nuremberg, la patrie de Durer, et de la plûpart de ses disciples, a produit un bon nombre d'artistes dans tous les genres. Dans le siècle subséquent la gravure y avoit fait de nouveaux progrès par des travaux plus larges et par un burin plus agréable. Cependant déjà les François, sous l'influence de l'encouragement royal, avoint surpassé les Allemans dans l'art de graver, et dès-lors ceux-ci alloient se perfectionner en France. Charles-Gustave Ambling de Nuremberg, et les freres Hainzelmann, Jean et Elie, d'Augsbourg, furent de ce nombre et travaillerent quelque tems chez François de Poilly.

Des familles entières se sont distinguées dans les arts de dessin. Celle des Preislers, établie à Nuremberg dès le siècle passé, s'est principalement signalée dans la gravure, et fleurit encore en la personne de Jean-George Wille.

La famille de Sandrart, s'étant pareillement établie à Nuremberg, peut être rangée parmi les artistes de cette ville. Jacques Sandrart, neveu de Joachim, avec son fils, Jean-Jacques, et sa fille Susanne Marie, se sont fait une réputation méritée par diverses Estampes estimées. M. de Murr, dans ses Mémoires sur les arts et les artistes de Nuremberg, y fait de bonnes remarques sur plusieurs graveurs de cette ville, et surtout sur Albert Durer.

La ville d'Augsbourg a pareillement vu fleurir dans ses murs un bon nombre d'artistes de réputation. Une seule famille établie dans cette ville, a produit dans l'espace d'un siècle une vingtaine de graveurs: je parle de la famille des Kilians. Barthélemi Kilian le vieux, chef de cette tige, naquit en Silésie en 1548. Habile orfèvre, il se rendit à Augsbourg où l'orfevrerie étoit très-florissante, s'y établit et y mourut à la fleur de son âge. Les fils et les petits-fils de ce Barthélemi se sont la plûpart distingués dans la gravure, comme nous le dirons ci-après. Du reste, sans entrer dans les détails sur cette famille d'artistes, nous nous contenterons de citer les quatre de ses membres qui ont fait le plus d'honneur à l'art et au nom de Kilian, savoir Lucas, Wolfgang, Barthélemi le jeune, et Philippe-André.

Comme nous spécifions dans notre Catalogue les productions principales de la gravure, il suffira pour le présent, de citer les noms de quelques autres graveurs d'Augsbourg; tels sont: Jonas Umbach, Jean Ulrich Kraus, les freres Küsel, Matthieu et Melchior les Wolfgang, George André le pere et ses trois fils, André Matthieu, Jean-George, et Gustave-André, George Philippe Rugendas, Jean Elie Ridinger &c.

On accuse aujourd'hui les citoyens aisés de ces villes, de donner un fausse direction à leur opulence, et de s'écarter des principes de leurs peres, en négligeant d'honorer et de protéger les arts, ou en donnant leur suffrages à la médiocrité la plus absolue. De-là ce découragement si sensible depuis longtems. On prétend de plus, que les artistes de mérite y sont plus rares que les amateurs de goût; que ceux-là sont obligés, pour subsister, ou de suivre le torrent de la mode, ou de s'expatrier. Et ces imputations ne sont rien moins que destituées de fondemens, quand on jette les yeux sur la plûpart des ouvrages qui nous viennent de ces contrées. Paul von Stetten, auteur des Lettres historiques sur la Ville d'Augsbourg, en faisant le tableau des mœurs de sa patrie, parle des arts en homme éclairé, et des artistes en critique judicieux. Il se plaint de cette quantité de Marchands d'Estampes, qui ne semblent étaler leur marchandise que pour propager la corruption des arts. De-là pour caractériser une chose de mauvais goût, cette expression injurieuse à ces villes : Marchandise d'Augsbourg ! Ouvrage de Nuremberg !

Jusqu'à ces derniers tems la France a été l'école des graveurs : nombre d'artistes s'y sont formés, et puis sont revenus dans leur patrie, comme George Fréderic Schmidt, ou se sont établis en France, comme Jean-George Wille. Ce deux habiles graveurs font et feront toujours honneur à l'Allemagne où ils sont nés, et à la France où ils se sont perfectionnés. D'autres artistes, après s'être formés en Italie, ont fait de ce pays des arts leur patrie. Rome, Florence, Naples, Venise donnent une retraite à plusieurs de nos compatriotes. Londres est maintenant dans la république des arts, ce que Paris lui étoit ci-devant : attiré par la récompense et par l'honneur, un grand nombre d'artistes ont choisi cette capitale pour leur séjour.

Une des plaintes souvent répétée, comme

une des principales causes du peu de progrès des arts en Allemagne, c'est le manque d'académies dans nos grandes villes. Or ces plaintes ne sont plus fondées. Nombre de villes, et surtout plusieurs résidences, telles que Vienne, Berlin, Dresde, Munich, Cassel, Stoutgard, & quelques autres, jouissent maintenant des avantages de ces fondations, dont on voit les fruits par les artistes qui s'y sont déjà formés et qui s'y forment tous les jours. Ces avantages sont incontestables : car quand-même il ne s'y formeroit pas de grands artistes, ces fondations publiques ont toujours leur grande utilité, en ne les considérant que comme de bonnes écoles de dessin : les enfans des artisans qu'on y envoie, apprennent à dessiner et deviennent de bons ouvriers dans les arts mécaniques et dans les manufactures.

Tel est le tableau précis des arts en général en Allemagne. Il resulte de cet exposé, que l'esprit d'invention semble caractériser les Allemans, et que les circonstances extérieures empêchent de pousser les arts inventés par eux au point de perfection où les ont porté les autres nations. L'on a vu que fort peu de

graveurs allemans se sont entièrement for‑
més dans leur pays, et que de tout tems le plus
grand nombre s'est perfectionné en France et
en Italie. Et ce n'est pas dans le physique,
mais dans le moral, qu'il en faut chercher la
cause. Une des principales, c'est le manque
d'une Capitale comme Paris ou Londres,
où les artistes, réunis en corps, puissent tra‑
vailler à l'envi, aiguillonés par l'émulation.
De plus le goût des arts n'a jamais été aussi
actif en Allemagne qu'il l'a été en Fran‑
ce, et qu'il l'est en Angleterre, attendu que
la connoissance du beau n'entre presque jamais
dans l'instruction de la classe aisée des citoyens.
L'éducation étant bornée à l'étude des scien‑
ces qui menent aux emplois, on y néglige non
seulement d'inspirer aux jeunes gens l'amour
des arts libéraux, mais encore on leur laisse
ignorer les règles de la poësie et de l'éloquen‑
ce. De‑là il n'y a que ceux qui sentent en
eux l'impulsion du génie qui se livrent à l'amour
des arts et des lettres: de‑là l'Allemagne a
toujours produit et produit encore plus d'habi‑
les artistes et de grands écrivains, que de vrais
connoisseurs et de judicieux appréciateurs des
talens.

CARACTERE

des principaux Graveurs Allemans.

Avec un Catalogue raisonné de leurs meilleurs ouvrages.

MARTIN SCHOEN, orfèvre, peintre et graveur au burin, né à Culembach vers 1420. petite ville du Cercle de Franconie et mort en 1486. à Colmar, où il s'étoit établi et où on voit encore de ses tableaux. On peut inférer des productions de ce maître, contemporain de Masofiniguerra, que, s'il n'est pas l'inventeur de la gravure en taille douce, il est le premier qui ait donné des estampes d'un mérite bien supérieur à celui des pièces italiennes de la même époque, surtout par rapport au maniement de l'outil, comme il a été dit ci-devant. Du reste son histoire est fort embrouillée; on s'accorde à dire qu'il tiroit son origine de la famille de Schoengauer d'Augsbourg, et qu'il se faisoit appeler: *Magister Martin Schoengauer, Maler, genannt hübsch Martin, von wegen seiner Kunst* (Maître Martin Schoengauer, nommé le beau Martin à cause de son art). On ignore le nom de son maître et ce n'est que par conjecture qu'on lui donne pour tel un certain Luprecht Rust, absolument inconnu. Un de mes amis, M. de Lerse, grand connoisseur dans tous les arts d'imitation, m'a assuré, que pendant le séjour qu'il a fait à Colmar, il a eu occasion de parcourir des manuscrits, déposés en cette ville, lesquels traitent de Schoen et de sa famille. Suivant ces papiers il doit avoir vécu plus longtems qu'on ne croit communément.

Parmi les artistes connus, Schoen est le premier qui marqua ses estampes des lettres de son nom, savoir d'un M et d'un S, avec une espèce de croix au milieu, ce qui formoit le chiffre suivant: M✠S.

A. *Sujets de l'histoire sacrée.*

1. L'Annonciation, où l'on voit Dieu le pere avec des rayons, et le St. Esprit qui sort de ces rayons, et qui vole entre l'ange et la Vierge à genoux devant son fauteuil, in 8.

2. La Nativité, ou la Vierge, qui adore le nouveau né, couché à terre sur de la paille. Derrière la Vierge on voit le boeuf et l'âne, et dans le lointain St. Joseph qui s'avance avec une femme. Dans l'air trois anges avec des queues d'oiseaux, tenant un billet; in 8. presque carré.

3. Autre Nativité, où la Vierge adore l'enfant nouveau né; à côté d'elle St. Joseph tenant une lanterne, avec le boeuf et l'âne qui regardent l'enfant. La scène est dans un étable vouté, où l'on voit par une ouverture trois pasteurs en conversation. En haut un concert de trois anges; petit in Fol.

4. L'Adoration des trois Rois, pareillement dans un étable, où l'un des rois est à genoux devant l'enfant, tenu par la Vierge, et offre son présent; sur le devant un chien. (Pendant de la pièce précédente).

No. 3. et 4. d'une belle exécution, ont cette particularité, qu'on en voit les tableaux originaux à Colmar dans l'église de l'hôpital.

5. La Fuite en Egypte, où des anges aident St. Joseph à cueillir des dattes. Vers la gauche se voit un lézard à terre, et deux autres qui grimpent sur un arbre; petit in fol.

6—15. Dix pièces représentant les Vierges sages et les Vierges folles. Les premières portent des couronnes de fleurs sur leurs têtes et des lampes allumées dans leurs mains; les dernières portent leurs lampes renversées et ont leurs couronnes à leurs pieds; in 8.

16—27. Douze pièces représentant la Passion. 1.) Jésus en prières sur la montagne des olives. 2.) Jésus arrêté dans le jardin des olives. 3.) Jésus devant Caïfe. 4.) La Flagellation. 5.) Le Couronnement d'épines. 6.) Pilate se lavant les mains. 7.) L'Ecce homo. 8.) Le Pottement de croix. 9.) Le Crucifiement. 10.) Le Sépulcre. 11.) La Descente aux enfers. 12.) La Résurrection. Suite complette, in 4.

28. Le Jugement dernier; pièce de la même grandeur que les précédentes.

29. Le grand Portement de Croix; grande composition. in fol. en tr.

30. Jésus en Croix, la Vierge et St. Jean au pied de la croix, et des anges recevant le sang des plaies du Chrift. in fol.

Pièce gravée aussi par J. v. Mecheln.

31. La Mort de la Vierge, où l'on voit vers la gauche deux apôtres à genoux, dont l'un pose ses lunettes sur le livre de l'autre. in fol.

Grande composition, les détails d'un extrême fini.

32. St. Antoine, élevé dans les airs et tourmenté par les diables. in fol.

Morceau fameux, dont on dit que Michel-Ange fit son étude dans sa tendre jeunesse.

No. 29—32. Sont les pièces capitales de Schoen.

B. *Sujets divers.*

33. Deux Alchymistes qui se battent. h. 2. p. 9. l. l. 1. p. 10. l.

34. Un Anier, avec son âne et un ânon. h. 3. p. 1. l. l. 7. p. 9. l.

35—46. Suite de douze morceaux d'Orfèvrerie, représentant des armoiries et des écussons en rond, de 4. pouces de diamètre; savoir: 1.) Un Ange à genoux, tenant un écusson avec un lion pour support. 2.) Une Femme assise avec un écusson, portant une licorne. 3.) Une Femme assise avec un écusson, où se voit un cigne. 4.) Une Femme debout, tenant un écusson avec trois étoiles. 5.) Une Femme nue avec un écusson, sur lequel est un damier. 6) Une Femme sauvage allaitant son enfant et tenant de la main droite un écusson avec une tête de lion. 7.) Un Paysan agenouillé tient deux écussons; l'un porte un coq et l'autre un pied de griffon. 8.) Autre Paysan avec un écusson portant deux ailes. 9.) Un Sauvage avec un écusson, portant un levrier. 10.) Autre Sauvage tenant un écusson avec le buste d'un cerf. 11.) Autre Sauvage tenant deux écussons; sur l'un est un livre et sur l'autre la tête d'un Maure. 12.) Une Femme avec un écusson, portant le chiffre de Martin, pièce plus petite que les autres.

46. Un St. Ciboire. in 4.

Pièce très-artistement gravée, sans le chiffre de l'artiste.

47. Un Encensoir, où le chiffre se trouve gravé en bas entre la chaine. in fol.

48. Une Crosse d'Evêque, dans le cercle de laquelle on voit la Vierge avec l'enfant Jesus, ayant à sa droite un ange qui joue du luth. Le chiffre est gravé délicatement sur le bas de la crosse. in fol.

49. Bataille contre les Sarasins, où se trouve l'apôtre St. Jacques. in fol.

Morceau qui, n'étant pas achevé vers le coin gauche, paroît être le dernier ouvrage de Schoen.

Les estampes de ce maître sont de la plus grande rareté. Son œuvre consiste en environ 150. pièces originales, dont M. de Heinecke a fait l'énumération dans ses : *Neue Nachrichten von Künstlern und Kunstsachen*.

Israel von Mecheln, ou Mekenen, pere et fils, orfèvres et graveurs au burin, de Mékenen, bourg en Westphalie, naquit vers 1424. et s'établit à Bockholt, petite ville dans l'évêché de Munster, où il demeura depuis 1450. jusqu'en 1523. qui est l'année de la mort du fils. On ignore quel a été leur maître. Ce ne peut avoir été Martin Schoen, attendu que la manière de celui-ci diffère trop de celles des Israëls. Pour Israël le fils, il a copié plusieurs pièces de Martin; mais en général il est resté fort au dessous de son modèle. Ils marquoient leurs estampes de la maniere suivante: *Israhel von Mekenen Goldschmit*, I. M. V. M. *Israel izu Bockhold.* Les François ont singulièrement estropié les noms de ces maîtres, dont ils ne parlent qu'au singulier. L'Abbé de Marolles le nomme Israel de Maynz; Florent le Comte répéte la même chose; d'autres lui donnent encore les noms de Mehenick, Mechlinensis, Moguntinus &c.

1. Israel von Mekenen le vieux, portant barbe et une espèce de turban, pièce marquée: *Israel von Meckenen, Goldschmit.* 4.

2. Israël von Mekenen, le jeune, avec la femme;

me; marqué: Figuracio facierum Israhelis et Jde Vxoris. I. V. M. in 8.

3. Un homme à genoux, dessinant sur un papier la Vierge Marie, qui est assise sur un coffre dans une chapelle, avec l'enfant Jésus sur ses genoux; à gauche est un ange qui tient une couronne. I. M. in 4.

Il est ecrit sur cette piéce, qui se trouve dans le Cabinet Electoral des estampes à Dresde: „Portrait d'Israel von Me-
„cheln, peint et gravé par lui même
„en 1445. On a de grands doutes sur l'ori-
„ginalité de cette piece, et de plus forts en-
„core sur celle de la date".

4. Judith devant la tente d'Holofernes, met la tête coupée de ce général dans le sac de sa servante. Dans le lointain on voit une bataille devant la ville de Béthulie, et à différentes distances quatre canons braqués. V. M. — in gr. Fol. en tr.

5. L'Annonciation, où la Vierge se voit à genoux devant son prie-dieu; sur lequel sont les lettres I. V. M. L'ange plane dans la chambre et tient un billet avec ces mots: AVE. GRA. in 8. en tr.

6. La Vierge, en longue robe, est assise avec l'enfant Jesus devant un enclos, derriere lequel repose St. Joseph. En bas vers la droite on voit une petite sauterelle. *Israel.* V. M. in 4.

Cette piece, qu'on appelle la Vierge à la sauterelle, est aussi gravée par Alb. Durer; et Marc-Antoine l'a copiée avec la marque d'Albert.

H

7. La grande danse de la fille d'Hérodiade. D'un côté on voit la décolation de St. Jean, de l'autre le roi et la reine à table, et Salomé apportant dans un plat le chef de St. Jean. *Israhel*, V. M. — gr. in fol.

8. Le grand Portement de Croix, où le Sauveur marche vers la droite de l'estampe. I. M. — in gr. fol. en t.

9. Le grand Crucifiement; à gauche se voit la mere de Dieu les mains jointes, et à droite St. Jean, ayant une main levée, tenant de l'autre un livre. Le fond est presque blanc. *Israhel* M. — gr. in fol.

10. Autre Crucifiement, où quatre anges, voltigeant dans les airs, reçoivent le sang qui coule des plaies de Jésus; à gauche la mere de Dieu et à droite St. Jean l'Evangéliste. Le fond est noir. *Israhel.* V. M. In fol.

11. St. George à cheval, devant lui le dragon abbattu ayant la patte percée d'un morceau de la lance. La Reine de Lydie se voit dans le lointain. I. V. M. — gr. in 4.

On a une épreuve de la même estampe avec les lettres F. V. B. qu'on interprête *Franz von Bocholt*, dont l'existence n'est pas bien constatée.

12. St. Antoine tourmenté par les diables, ayant son breviaire pendu à sa ceinture. I. V. M. in fol.

13. La Mort de Lucrece. L'on voit par la porte d'une chambre Tarquin, faisant violence à Lucrece. Avec une inscription latine. *Israel.* V. M. in fol.

14. Le Cavalier et la Dame à la promenade, guettés par la Mort qui se tient cachée derriere un arbre. Sur la bordure de la robe de la Dame on lit ces lettres: I. V. M. T. N. Avec une inscription en plat allemand. *Israel.* V. M. In 4.

Cette pièce, une des meilleures d'Israel, a été aussi gravée par Wolgemut, Durer, Marc-Antoine et d'autres.

15. Une Femme qui chante avec de la musique notée, et un homme l'accompagne du luth. I. M. — gr. in 4.

16. Un Homme qui touche de l'orgue, et une Femme qui souffle avec deux soufflets. I. M. De même.

17. Grotesque de feuillage, où se voit un fragment de globe, sur lequel est un chien qui ronge un os. De ce globe sortent deux branches, au milieu desquelles se trouve une femme parée, tenant dans sa main une pomme qu'un Cavalier veut lui prendre. Celui-ci est accompagné d'une figure qui joue du tambourin et de la flûte. *Israhel.* V. M. Frise in fol. Orfèvrerie.

18. Autre Grotesque de feuillage, où se voit un homme couché et entouré de quantité de lièvres. I. M. Frise in fol. Orfèvrerie.

L'œuvre de ces maitres, qui consiste en plus de 250. pieces originales, se trouve à la suite de celui de Martin Schoen, dans l'ouvrage cité de M. de Heinecke. La remarque par rapport à la rareté des pièces, a également lieu ici.

Les Israel avoient coutume de signer leurs Gravures de la maniere suivante: *Israhel van Mekenen Goldschmit; Israel tzu Bockhold.* I. v. M.

MARTIN ZAGEL, ZASINGER, OU ZINCK, orfèvre et graveur au burin, naquit, vers

M. ZAGEL.

1430. et florissoit vers 1500. selon la date de ses ouvrages. Les circonstances de la vie de ce vieux maître nous sont inconnues. Par conjecture on croit qu'il travailloit à Munich au commencement du seizieme siecle, et par le caractere de ses gravures ou voit qu'il étoit orfèvre. Son burin joint à beaucoup de finesse, la plus grande sécheresse; et sans la date de ses ouvrages, on le croiroit antérieur à Martin Schoen; tant son dessin est gothique. Sa marque ordinaire est M. Z.

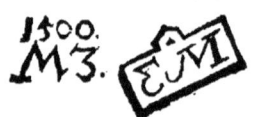

1. Salomon idolâtre, pour complaire à ses femmes. 1501. gr. in 8.

2. La Vierge avec l'enfant Jésus, assise près d'une fontaine dont elle fait couler l'eau dans un petit vase. 1501. gr. in 8.

3. St. Catherine avec les instrumens de son Martyre, lisant debout. in 8.

4. St. Ursule debout, avec les instrumens de son martyre. in 8.

5. St. Christophe portant l'enfant Jésus sur ses épaules au travers d'un bras de mer. in 4.

6. Le Martyre de St. Sebastien. in 4.

7. Le Philosophe Aristote à quatre pattes par terre, bridé et monté par une jeune femme, qui tient un fouet levé.

Sujet souvent traité, qu'on nomme aussi Socrate et Xantipe. 4. Très-rare.

8. Une Femme dans un paysage, étendant le pan de sa robe sur un hibou, et regardant en même tems un nuage fulminant qui porte cette inscription: *Duck dich*. 1500. in 4.

9. Un Cavalier et une Dame s'embrassent dans une chambre. 1503. in 4.

Gravure d'un grand fini.

10. Marche de gens de guerre, précédée d'un tambour et d'un fiffre. in 4. en tr.

11. Représentation d'un Jour de Galla à Munich, où le Duc joue aux cartes avec une Dame au milieu de sa cour, dont une partie forme une danse. 1500. gr. in fol. en tr.

Piece nommée le grand Bal.

12. Représentation d'un Tournois fait à Munich en présence de la Cour du Duc de Baviere. in gr. fol.

Piece nommée le grand Tournois. Toutes ces pieces, qui sont de choix, sont de la plus grande rareté.

ALBERT GLOCKENTON, naquit à Nuremberg vers 1432. et florissoit au commencement du XVI. Siecle. Il étoit graveur au burin, et c'est sans aucun fondement que Papillon en fait aussi un graveur en taille de bois. Du reste les circonstances de sa vie nous sont aussi inconnues que celle de Zasinger. Ses estampes attestent, qu'il dessi-

A. GLOCKENTON.

noit et gravoit d'un meilleur goût que ce dernier ; quelques unes de ses têtes ont même de la finesse et de l'expression. Son style tient beaucoup de celui de Martin Schoen, d'après qui il a copié plusieurs morceaux. Il marquoit ses pieces A. G. en caractere Gothique, avec ce chiffre 1510. AG. AG.

1—12. Douze pieces représentant la Passion ; savoir : 1.) Jésus faisant son entrée à Jérusalem. 2.) Jésus faisant la cène avec ses apôtres. 3.) Jésus en prieres sur la montagne des olives. 4.) Jésus trahi par Judas. 5.) Jésus devant Caïfe. 6.) Jésus flagellé. 7. Jésus couronné d'épines. 8.) Jésus devant Pilate. 9.) Jésus portant sa croix. 10.) Jésus en croix. 11.) Jésus mis au tombeau. 12.) Jésus ressuscité. gr. in 8.
Suite très-belle et très-rare.

13. Un Christ en croix, entouré des saintes femmes et de St. Jean. pet. in 4.
Sans marque et très rare.

14. Un Portement de croix. gr. in 4.
Piece belle et rare.

15. La Mort de la Vierge. In fol.
Belle copie d'après Schoen.

16. La Vierge et l'Enfant Jésus sur un autel. In 4.
Très-grande composition, portant le chiffre G. qui est celui de Glockenton, et l'année 1466. qui est la plus ancienne date qu'on connoisse sur une estampe. Voyez l'article de

Glockenton dans le Catalogue raisonné du Cabinet d'estampes de Brandes.

MICHEL WOLGEMUT, peintre et graveur en cuivre et en bois, né a Nuremberg en 1434. et mort dans la même ville en 1519. Cet artiste célèbre, qui remonte aux premiers tems de la gravure en Allemagne, marquoit ses estampes d'un simple W. On lui donne pour maître un certain Jacob Walch, qui marquoit pareillement ses gravures d'un W, ce qui est assez incertain; mais ce qui ne l'est pas, c'est qu'on sait avec certitude, qu'Albert Durer fut son disciple dans la peinture et dans la gravure; et c'est là son plus bel éloge et sa plus grande gloire. On sait, que Wolgemut a travaillé pour le célèbre Hermann Schedel, Medecin, Historiographe et compilateur de la grande Chronique de Nuremberg imprimée en 1493. Il paroit, que Michel Wolgemut a fait les dessins des estampes pour cet ouvrage, et que Guillaume Pleydenwurff, aidé de quelques autres graveurs de ce tems, les a gravés en taille de bois. Quoi qu'on ait aussi de lui plusieurs pieces taillées en bois, il préféroit de graver sur cuivre, en quoi il a le plus excellé. Du reste nous ignorons, si le tems a respecté quelques unes de ses peintures; du moins nous ne sommes pas en état de rien citer dans ce genre. Son chiffre ordinaire est la lettre initiale de son nom W.

1. Jésus-Christ en croix, entouré de St. Jean et des Saintes Femmes W. pet. in 4.
2. Jésus-Christ porté au tombeau. W. pet. in 4.
3. Jésus-Christ descendu aux Limbes. W. pet. in 4.
4. Jésus-Christ ressuscité. W. pet. in 4.
5. Un Ecce homo, entouré de la Vierge et de St. Jean, figures à mi-corps; au dessus un chœur d'anges, dans un ceintre rustique. W. In 4.
6. Un Evêque en pied, tenant d'une main un cœur percé d'une flèche et de l'autre sa crosse. W. In 12.
7. St. Sébastien, percé de flèches, attaché à un arbre. Sans marque. pet. in 4.
8. St. Christophe traversant un bras de mer avec l'enfant Jésus sur ses épaules. W. In 4.
9. Une Dame se promenant avec un Cavalier dans un jardin, et la Mort derriere un arbre, tenant sur sa tête une horloge de sable; sans marque. In 4.

Piece gravée aussi par Durer avec quelques différences.

10. Un Homme marin, nud et cornu, enleve une femme. In fol.
11. Quatre Sorcieres nues dans une chambre, et au dessus un globe suspendu, avec les lettres O. G. H. et l'année 1494. Dans un réduit attenant on voit le Diable dans les flammes. W. In 4.

Piece gravée aussi par Durer.

12. Un Homme assis et endormi auprès d'un poele, derriere sa tête le diable qui lui

A. DURER.

souffle à l'oreille avec un grand soufflet ; à côté Vénus nue qui étend une de ses mains, et plus bas un petit Cupidon qui essaye de marcher sur des échasses. W. In 4.

Piece gravée aussi par Durer.

13. Jésus-Christ faisant le Pâques avec ses disciples. W. In 4.

Piece imprimée en clair-obscur, de la plus grande rareté.

ALBERT DURER, peintre et graveur dans presque toutes les manieres, naquit à Nuremberg en 1470. et mourut dans la même ville en 1528. Son pere, habile orfévre, voulut lui faire embrasser sa profession; mais le jeune Albert préféra l'étude des arts d'imitation. Il nous apprend lui même, qu'à l'âge de quatorze ans il alloit se rendre à Colmar pour se mettre sous la direction de Martin Schoen, qui jouissoit alors d'une grande réputation, et comme peintre et comme graveur. La nouvelle de la mort de ce maître étant arivée à Nuremberg, le jeune Durer alors eut recours aux instructions de Michel Wolgemut, sous lequel il fit de grands progrès en peu de tems dans les deux arts. Ne pouvant plus rien apprendre chez son maître, il suivit l'impulsion de son génie.

On peut dire que Durer, sans être pourtant l'inventeur de l'art en Allemagne, peut-être considéré comme le fondateur de l'Ecole Allemande. Initié dans les secrets de tous les arts et de toutes les sciences, il étoit graveur, peintre, sculpteur, architecte et mathématicien. Par ses qualités du cœur et de l'esprit, il a su s'élever à un haut degré dans l'estime publique. Admirateur des talens de ses contemporains, il n'a jamais connu la basse jalousie: il fut en liaison avec la plupart des artistes de son tems, même avec le grand Raphael, qui a toujours rendu justice au maître Allemand. Vasari dit de lui, qu'il auroit égalé les plus grands maîtres l'Italie, s'il avoit eu la Toscane pour patrie, s'il avoit pu voir l'antique et étudier à Rome les ouvrages de l'art, pour donner à ses figures autant de beauté et d'élégance, qu'on y découvre de vérité et de finesse. On trouve dans ses ouvrages une imagination féconde, une touche savante, une exécution soignée, un dessin assez correct: il ne laisse à desirer qu'un meilleur choix dans les objets de la nature, une expression plus noble dans ses figures, moins de roideur dans son goût de dessin, plus d'aménité dans sa maniere de peindre, et enfin une observation plus judicieuse de la perspective aërienne dans la rup-

rupture des couleurs. On admire ses paysages pour l'agrément et la singularité des sites, et ses portraits pour la vérité des attitudes. Le costume n'étant pas observé de son tems, il habille ordinairement ses figures à l'allemande, à l'exception de quelques Vierges qui sont assez bien ajustées.

En général Durer a beaucoup plus gravé que peint, et c'est principalement comme graveur que nous cherchons à le caractériser. Nous avons vu ci-devant qu'on doit à son esprit industrieux le perfectionnement des tailles de bois, l'invention de la gravure en clair-obscur, et la découverte de celle à l'eau forte. Quant à la gravure au burin, où il a le plus excellé, il y mit plus de dextérité dans la coupe du cuivre, et plus d'aisance dans le maniement de l'outil. Ses ouvrages de gravure dans les differentes manieres sont considerables, et furent très-recherchées de son vivant. Sa femme, d'un caractere avare et accariâtre, le poussoit à ce travail et le faisoit graver plus qu'il n'avoit envie. C'est pour se soustraire à sa mauvaise humeur qu'il entreprit plusieurs voyages. Sans parler de celui de Venise, qui n'est pas bien constaté, ni de ses prétendus démêlés avec Marc-Antoine au sujet de la contrefaçon de quelques unes de ses planches, par ce dernier, il voyagea beaucoup en Allemagne et dans les Pays-Bas, où il contracta une étroite amitié avec Lucas de Leyde.

Durer tenoit encore un rang distingué parmi les savans de son siecle. On a de lui plusieurs ecrits allemands sur la Géométrie, la Perspective, les Fortifications, les Proportions des figures humaines, tous traduits en latin. Ce dernier ouvrage a paru en francois sous le titre: „Traité de la Proportion des parties des „corps humains. A Arnhem 1614. in folio.„

La plupart des planches gravées de Durer portent la date de l'année qu'elles ont été gravées, et le chiffre de son nom A. D.

Comme ses estampes au burin sont les plus recherchés, nous allons en spécifier les pieces capitales, et quelques unes des plus recherchées en tailles de bois.

1. Portrait d'Albert Durer, représenté deux fois debout et placé des deux cotés d'une piece d'architecture, l'un étant son portrait de 1509. et l'autre celui de 1517. Avec des inscriptions latines. Grand in Fol.
2. Portrait de l'Electeur Fréderic de Saxe. M.D.XXIIII. In 4.
3. Portrait de l'Electeur Albert de Mayence 1523. In 4.
4. Portrait de Bilibald Pirkheimer 1524. In 4.
5. Portrait de Philippe Mèlanchton 1525. In 4.
6. Portrait d'Erasme de Rotterdam 1526. In fol. Rare.

7. Adam et Eve debout, ou le Péché de nos premiers parens 1504. In fol.

Une des pieces capitales.

8. Etat de nos premiers parens après leur chute. Eve est assise avec un enfant à l'entrée d'une grotte, et Adam se voit dans le lointain rampant à quatre pattes. In 4.

Sébalde Beham à nommé ce sujet la Pénitence de St. Chrisostôme.

9. Juda et Thamar; on voit un homme barbu, assis à terre près d'une jeune femme qu'il caresse, ayant son cheval attaché à un arbre. Petit in 4.

On croit que c'est la plus ancienne gravure au burin de Durer.

10. La Nativité, où se voit la Vierge dans un étable adorant l'Enfant couché, pendant que St. Joseph puise de l'eau dans un puits 1504. Pet. in 4.

11. La Vierge avec l'Enfant dans ses bras, assise dans un paysage, et St. Joseph endormi auprès d'elle. In 4.

Piece nommée la Vierge au Papillon.

12. La Vierge assise dans un paysage, l'enfant sur ses genoux jouant avec un oiseau, et près d'elle un singe attaché. La Vierge au Singe. In 4.

13. La Vierge avec l'Enfant, assise au pied d'un arbre, tenant un poire 1511. La Vierge à poire, pet. in 4.

14. La Vierge assise sur un banc de pierre dans un paysage rempli de batimens, avec l'enfant qui tient une pomme. 1514. La Vierge à la pomme. pet. in 4.

15. La Vierge debout, tenant l'enfant endormi dans ses

bras, à côté une jeune fille en prieres; figures à mi-corps. 1519. pet. in 4.

Piece à l'eau forte.

16—31. La petite Passion, dont le frontispice est Jésus attaché à une colonne 1507—1512, pet. in douze.

Suite complete, en seize feuilles, difficile à trouver.

32. Le Christ avec les saintes Femmes et St. Jean au pied de la croix. En rond d'un pouce, 4. l. de diamètre.

Piece sans marque et faite, à ce qu'on prétend, pour Charles-quint, qui la portoit collée sur le pommeau de son épeé. Très-rare.

33. Jésus prosterné dans le jardin des Olives, réconforté par un ange. 1515.

Gravure sur fer de la plus grande rareté.

34. Un Ange planant dans les airs et déployant le St. Suaire; au bas quatre Anges avec les instrumens de la Passion 1516. pet. in 4.

Gravure sur fer blanc.

35. Le grand Ecce homo; avec une inscription latine 1512. gr. in 4.

Pièce de la plus grande rareté.

36. Jesus-Christ porté au tombeau et pleuré par les saintes Femmes. 1507. pet. in fol.

Gravure plus chargée de tailles. Piece douteuse.

37. L'enfant prodigue à genoux. In fol.

L'on prétend que Durer s'y est représenté lui même.

38. St. Hubert à la chasse, son cheval à côté de lui, et à genoux, devant un cerf qui porte un crucifix au milieu de son bois, grand in fol.

La plus grande piece au burin de Durer, et une des plus recherchées.

39. La même piece, en contrepartie, avec le chiffre d'Albert.

Bonne copie d'un anonyme, vraisemblablement de Wierx. Ce n'est qu'en comparant cette copie avec l'original, dont la figure principale regarde vers la gauche que le connoisseur verra la différence.

40. St. Jerôme en méditation assis dans une chambre 1514. in fol.

41. St. Jérome dans le désert à genoux, au pied d'un rocher et tenant une pierre, in fol.

42. Un Pere de l'eglise dans une cellule, assis devant un pupitre, confrontant les passages de deux livres. 1515. aqua forti. pet. in 4.

Très-rare.

43. Femme nue ailée, debout sur un globe dans les nues, tenant d'une main une coupe et de l'autre une bride, in fol.

Selon Vasari cette figure représente la Tempérance, selon d'autres Pandore, ou la Fortune. Le plus communément on l'appelle la grande fortune.

44. Femme nue posée sur un globe, tenant un chardon attaché à un long bâton. in 12.

Piece appelée la petite Fortune.

45. La Mélancolie, figurée par une femme assise, ayant la tête appuyée sur une main et tenant de l'autre un compas, avec des accessoires allégoriques. 1514. in fol.

Piece incomparable, selon l'expression de Vasari.

46. Un Homme assis et endormi auprés d'un poêle; derriere lui le Diable qui lui souffle avec un grand soufflet dans l'oreille; à côté on voit une Femme nue et un petit Amour, avec Venus et Cupidon qui essaye de marcher sur des échasses. in 4.

Piece appellée le Songe, de l'invention de Wolgemut.

47. Un Satyre couché auprès d'une Nymphe, que Diane, armée d'un gros bâton, veut frapper de toute sa force, tandis qu'un Faune pare le coup avec un tronc d'arbre, derriere lequel est un petit Amour qui s'enfuit. in fol.

Piece appelée le grand Satyre.

48. Quatre sorcieres dans une chambre, et au dessus un globe suspendu, avec les lettres O. G. H. et l'année 1497. Dans une chambre attenante on voit le Diable dans les flammes. in 4.

Baldinucci prétend que c'est la premiere piece gravée par Durer. On en attribue l'invention à Wolgemut. Très-rare.

49. Un Chevalier armé de toutes pieces, courant à cheval, suivi par le Diable et la Mort, qui lui présente un horloge de sable, 1513. in fol.

Piece nommée l'Homme mondain.

50. Ecus-

50. Ecusson d'armes avec une tête de mort, attachée par un ruban que tient une jeune fille, derriere la quelle est un satyre qui veut l'embrasser 1503. pet. in fol.

51. Ecusson d'armes avec un lion et un casque surmonté d'un coq les ailes déployées, in 4.

52. Un gros Cheval derriere lequel marche un homme botté et armé de toutes pieces tenant une halebarde 1505. in 4.

53. Un beau Cheval, derriere lequel marche un homme armé, portant une halebarde sur l'épaule, et ayant des ailes aux pieds et sur son casque 1505. in 4.

54. Une Sorciere échevelée, fendant les airs, montée sur un bouc et tenant une quenouille de la main droite. Au dessous d'elle quatre enfans ailés qui jouent, in 8.

55. Enlevement d'une jeune femme par un homme robuste monté sur une licorne 1516. in fol.

C'est, selon quelques uns, Pluton qui enleve Proserpine. Piece gravée sur fer et très-rare.

56. Une grande pièce de Canon, placée à l'entrée d'un village et accompagnée de quelques Soldats, avec trois Turcs qui la regardent, in fol. en tr.

Morceau gravé sur fer, très-rare.

Pièces gravées en bois.

57. Portrait d'Albert Durer: *Albrecht Dürer Conterfeyt in seinem Alter des LVI. Jars.* Sans marque, in fol.

58. Albert Dureri effigies, *edita ex linea tabula ab eodem A. M. D. XXVII. invisa, quae Vindobonnae in Aug. Bibliotheca Caes. Reg. asservatur*, in fol.

I

59. L'Empereur Maximilian I. en buste avec beaucoup d'ornemens: *Imperator Cæsar Divus Maximilianus Pius Felix Augustus* 1519. gr. in fol.

60. Ulrichus Varnbuler. Avec cette inscription dans un écusson: *Albertus Durer Noricus reddere que conatur* 1522. in fol.

Rare.

61—73. La grande Passion, portant pour titre: *Passio Domini nostri Jesu ex Hyeronymo Paduano, Dominico Mancino Sedulio et Baptista Mantuano per Fratrem Chelidonium collecta, cum figuris Alberti Dureri Norici Pictoris*, 13. pièces avec le frontispice; sur le revers de chacune se trouvent des vers latins, et sur la derniere on lit: *Impressum Nurnbergi per Albertum Durer pictorem. An. christiano* 1510-1511. In fol.

74—100. La petite Passion, en 27. pièces, y compris l'intitulé qui porte: *Figuræ Passionis Domini nostri Jesus Christi* 1519—1520.

101. Tête du Christ couronnée d'épines, in fol.

Pièce taillée à gros traits, et faite avec beaucoup de hardiesse.

102. La Trinité, où se voit le pere éternel tenant son fils mort sur ses genoux, le St. Esprit audessus, et à l'entour plusieurs Anges 1511. in fol.

Une de meilleures tailles de bois de Durer.

103. Un Ecce homo placé sur un autel et adoré par les différens ordres de l'église, in fol.

Pièce nommée le Mystere de la Messe.

104—119. Les Figures de l'Apocalypse, en 16. pièces, y compris le frontispice; le texte se trouvant au vers de chaque feuille, dont la derniere finit ainsi: *Impressa denuo Nurnberge p. Albertum Durer Pictorem. Anno christiano* 1511. &c. In fol.

120—141. La Vie de la Vierge, en 22. pièces, suite complete et une des plus belles 1509—1511. pet. in fol.

C'est cette suite que Marc-Antoine copia à Venise en 17. pièces, et qui occasionna le prétendu procès entre ces deux artistes. Ces copies imitent parfaitement les originaux par la maniere par laquelle le graveur à su enfler les tailles. V. Marc-Antoine.

142. Sainte famille, où St. Anne tient sur ses genoux l'enfant Jésus adoré par la jeune Vierge, avec deux saints sur les côtés, in fol.

Pièce en clair-obscur, très-rare.

143. Sainte famille dans un grand paysage, où deux Anges tiennent une couronne sur la tête de la Vierge. Au bas on voit trois lapins, gr. in fol.

144. St. Augustin auprès d'un enfant qui puise de l'eau de la mer dans une fossette. Le Mystere de la Trinité 1518. in fol.

145. Le grand St. Christophe, portant l'enfant Jésus, gr. in fol.

Rare.

146. L'Empereur Maximilien, accompagné de la Vierge et de plusieurs saints, adore le Sauveur du monde, très grand in fol.

J'ai possédé de cette pièce une épreuve imprimée sur vélin et magnifiquement enluminée.

147—148. Siege d'une fortresse, piece nommée communément le Siege de Vienne 1527. en 2. feuilles. h. 8. p. 3. l. — l. 26. p. 7. l.

Rare.

149—156. Char de triomphe à l'honneur de l'Empereur Maximilien I. inventé par Pirkhaimer, avec plusieurs inscriptions latines et le titre: *Triumphalis hic currus ad honorem — per Albertum Durer delineatus.* 8. feuilles. h. 16. p. 9. l. — l. 84. p. 4. l. les feuilles collées ensemble.

157. Le Rhinoceros, avec une inscription allemande en camaïeu vert. 1515. In fol. en tr.

Rare.

158—163. Ornement, ou dessin de broderie et de tapisserie, représentant un disque noir, rempli de traits blanc, en dédale; au milieu le chiffre de Durer, in fol. en tr.

La Suite complette de ces singularités est de six pièces.

Voyez l'article de Durer dans le Cataloque raisonné du Cabinet d'Estampes de Brandes. L'œuvre que Mariette avoit formé de ce maître consistoit en 420. pièce, et fut vendu à sa mort 1830. livres. Ses Biographes font monter son œuvre, en comptant les pièces gravées d'après ses inventions et les copies, 1254. estampes.

L. CRANACH.

Lucas Cranach, ou Kranach peintre et graveur au burin et en bois, naquit à Cranach, ville du diocése de Bamberg, en 1472 — 1474., et mourut à Weymar en 1553. On ne sait pas avec certitude le nom de sa famille: quelques uns lui donnent celui de Muller, d'autres celui de Sunder. Lucas apprit les élémens de la peinture de son pere, et y fit de si grands progrès, que jeune encore il entra comme peintre au service de la Cour électorale de Saxe. En cette qualité il servit trois électeurs; mais il étoit particulierement attaché à l'Electeur Jean-Fréderic, dit le Magnanime, qui pendant sa captivité se plaisoit à le regarder peindre. Cranach, de peu d'années plus jeune que Durer, se fit une grande réputation dans son tems, sans être élevé toutefois à la hauteur de celle de son contemporain. Ses ouvrages de peinture consistent en tableaux d'histoire, en allégories et en portraits. Dans les deux premiers genres il aimoit à y représenter ses amis et les savans de son tems: on y trouve souvent Luther et Melanchton. On estime surtout ses portrait, dont quelques uns se distinguent par une grande vérité d'expression. En général on admire dans ses tableaux la fraîcheur de sa couleur et la beauté de ses carnations, malgré l'incorrection de son dessin, et le peu d'intelligence de la distribution des jours et des ombres. Une touche pure donne à sa peinture une durée capable de braver le tems. Le plus grand nombre de ses tableaux se trouve dans les galeries et dans les cabinets en Allemagne et dans les églises en Saxe.

Cranach, après avoir quitté les cours des princes, s'étoit retiré auprès de son ami Luther à Wittenberg, où il fut fait bourguemaître. Les fonctions de sa place ne l'empêchèrent par de partager son sejour entre cette ville et celle de Weymar, où il termina sa carriere à l'âge de 77. ans. Il laissa un fils qui portoit le même nom et succéda à son pere dans la charge de bourguemaître. Lucas Cranach le jeune se distingua aussi dans la peinture, mais encore plus dans la littérature.

C'est le graveur, plus que le peintre, qu'il s'agit ici de faire connoître. On ignore s'il a eu un maître dans l'art de graver, ou s'il l'a appris de lui même. Il a gravé fort peu de pièces sur cuivre, et cela dans un goût assez gothique ; mais on a de lui un grand nombre de tailles de bois, fort recherchées encore des amateurs. En effet dans ce dernier genre il n'est inférieur à aucun artiste de son tems. Il a aussi gravé quelques morceaux en clair-obscur, devenus fort rares.

L. CRANACH.

Il marquoit communément ses planches des lettres initiales de son nom, L. C. ou L. V. C. son chiffre ₵ ou ₵ d'autres fois avec un petit dragon couronné, accompagné quelquefois des armes de Saxe. Dans la spécification des pièces, nous aurons soin de faire quelques remarques.

A. *Pièces gravées en cuivre.*

1. Portrait sans nom de l'Electeur Jean Frédéric. En haut apparoit un Ange tenant une couronne de laurier. G. in f.

Très-rare.

2. Portraits à mi-corps des deux Electeurs de Saxe, Frédéric et Jean, dont le premier tient un chapelet. 1510. P. in 4. presque carrée.

3. Christianus II. Danorum Rex, Sueciæ, Norwegiæ. Entouré d'un ornement d'architecture, avec des armoiries. G. in 4.

4. Martin Luther en habit d'Augustin avec une toque et vu de profil. Deux vers allemands d'inscription: *Des hikers gestalt* —— 1523. Gr. in 4.

5. Nos premiers Parens nuds dans un désert, où on voit sur le devant Eve assise au pied d'un rocher, un petit enfant endormi sur ses genoux, et dans le lointain Adam rampant à terre; sujet nommé par plusieurs, la pénitence de St. Chrisostôme. En haut les armes de Saxe, et embas la tablette avec son chiffre, le petit dragon et l'année 1509. In fol.

Pièce capitale, mais d'un goût gothique.

6. La Tentation de Jésus dans le désert. Le Christ

est assez beau, mais le Diable est d'un laid et d'un grotesque distingué. L. C. W. le W. signifie Wittenberg, pet. in fol.

Très-rare et d'une meilleure exécution que la pièce précédente.

7. Le Sauveur dans les nues entouré d'anges, apparoit et parle à un Electeur de Saxe, placé à mi-corps au bas de l'Estampe. L. C. Pièce in 8. presque carrée.

La gravure de ce morceau n'est pas moins singuliere que la composition en est bizarre: elle tient de la maniere noire et du burin, mais on ne sauroit décider si elle est faite sur cuivre ou sur quelque autre métal.

B. *Pièces gravées en bois et en clair-obscur.*

8. St. Jean prêchant dans le désert: la même pièce que ci-dessous, avec une seule planche, 1516. In fol.
9. St. Christophe, portant l'enfant Jésus 1507. In fol.
10. St. George à cheval armé d'une lance, victorieux du dragon, Gr. in 4.
11. Vénus, figure nue, accompagnée de Cupidon qui essaye son arc, in fol.

C. *Pièces gravées en bois.*

12. Buste de Jean-Fréderic, Electeur de Saxe, pet. in 4.
13. Portrait à mi-corps d'un Electeur de Saxe, tenant un livre ouvert devant un crucifix. Pièce avec des sentences latines, le petit dragon, et l'année 1552.

Rare.

14. Buste de Martin Luther, dans le costume d'un Augustin 1520. pet. in 4.

L. CRANACH.

15. Dr Martin Luther, figure entiere, in fol.
16. Philippe Mélanchton, figure entiere, in fol.
17. L'Empereur Charles-quint, figure entiere, portant pour devise: Plus outre. In fol.
18. L'Empereur Ferdinand. *Regis Ferdinandi contrafactura.* M. D. XLVIII. figure entiere, in fol.
19. Jean-Frederic, Electeur de Saxe, figure entiere, in fol.
20. Jean-Guillaume Duc de Saxe, figure entiere, in fol.
21. Adam et Eve dans le Paradis terrestre, ou Le péché de nos premiers parens 1509. In fol.
22. L'Annonciation. In fol.
23. St. Jean préchant dans le désert, grande composition 1516. In fol.
24. La Décolation de St. Jean Baptiste. In fol.
25—37. *Passio D. N. Jesus Christi venustissimis imaginibus eleganter expressa ab illustrissimi Saxoniæ Ducis Pictore Luca Cranogio anno 1509. Amstelodami excudebat N. J. Visscherius et anno* 1616. 13. pièces, pet. in fol.

Cette suite, très-estimée des connoisseurs, est d'une bonne exécution; on y découvre une composition raisonnée et des têtes d'une belle expression.

38—49. Le Martyre des douze Apôtres, 12. pièces, d'une riche composition 1549. In 4.

Cette suite, d'une belle exécution, nous paroit encore supérieure à la précédente.

50. Paris mourant sur le mont Ida, visité par les trois Déesses 1508. Gr. in fol.

Pièce estimée.

51. M. Curtius se dévoue pour la patrie, en se précipitant dans un goufre 1508. In fol.

52. Un Tournois, pièce nommée le petit Tournois 1509. Tr. gr. in fol. en t.

53. Un Tournois, pièce appelée le grand Tournois 1509. tr. gr. in fol. en t.

54. Autre Tournois, de même date et de même grandeur.

55. 56. Parc aux cerfs dans le tems du rut, en 2 feuilles. h. 13. p. 8. l. — l. 18. p. 8. l.

Ces quatre pièces sont très-rares, et offrent tout ce que les tailles de bois ont de plus distingué.

Voyez l'article Cranach du *Catalogue raisonné du Cabinet d'Estampes de Brandes.*

Hans ou Jean Burgkmair, peintre, dessinateur et graveur en bois, né a Augsbourg en 1474. l'année de sa mort est assez incertaine; les uns la placent en 1519 les autres en 1559. Selon la date de quelques uns de ses ouvrages il y a un milieu à prendre. Hans Burgkmair fut disciple, ou plutôt ami et contemporain d'Albert Durer. Du moins en fait de peinture il suivit la maniere de ce dernier. Dans sa ville natale il se trouve encore de lui quelques tableaux peints à l'huile sur bois, et d'autres à fresque, qui entrent en paralelle avec ceux de Durer. On prétend qu'il a gravé sur cuivre, ce que nous ne sommes pas en état de prouver; mais on sait qu'il a excel-

H. BURGKMAIR.

lé dans les tailles de bois. Ses ouvrages dans ce dernier genre sont très-nombreux et généralement d'une savante exécution. Par la fécondité de ses inventions il montre qu'il étoit homme de génie, et par la singularité de ses conceptions il fait voir qu'il a payé le tribut de son siecle.

La plupart des ouvrages de cet artiste portent le nom de Hans Burgkmair, les autres le chiffre H. B. HB ou HGB.

1. L'Empereur Maximilien I. à cheval. Avec le nom de Burgkmair. In fol.
2. La même Estampe, en clair-obscur 1508.

Pièce rare, marquée Jost de Negker. Il est probable que Negker a gravé les planches pour le clair-obscur, et Burgkmair celle pour le trait.

3. Joseph et la femme de Putiphar. H. B. Piéce carrée. In 4.
4. St. George à cheval, pièce en clair-obscur, avec le nom de Negker. In fol.
5. St. Sébastien attaché au pilier d'une arcade. Avec le nom de Burgkmair et l'année 1515. In fol.
6. St. Thomas et St. Barthélemi, avec des inscriptions latines et deux versets du Credo 1514. In fol.
7. Jeune femme désolée de la perte d'un jeune héros, que la Mort tient renversé sous ses pieds et qu'elle met en pièces. H. Burgkmair et J. de Negker, en clair-obscur.

Rare.

8. Die drey guten Haiden: Hektor von Troy. Gros Alexander. Julius Cesar. — H. Burgkmair. In fol.

9. Drei gut Haidin: Lucretia. Veturia. Virginia. Id. 1519. Même grandeur.

10. Drey gut Kristin. S. Elena. S. Brigita. S. Elsbeta. Avec quatre vers allemands. Id. gr. in fol.

11. Un Empereur assis sur son trône, donnant audience à un homme qui plaide devant lui. Id. in 4.

12. Der weifs König. Le Roi sage, ou Narration des faits et gestes de l'Empereur Maximilien I. recueillis par Marc Treitz Sauerwein, avec les gravures en bois de H. Burgkmair. Ouvrage publié d'après un manuscrit de la Bibliothéque Imp. R. de Vienne, contenant, outre la description, 237. planches. In fol.

13—50. La grande Entrée triomphante de Maximilien I. 38. feuilles. Gr. in fol.

Toute cette suite, consistant en 135. planches, a resté longtems ignoré au château d'Ambras; de nos jours ces planches ont été transportées à la Bibliothéque de Vienne, après qu'on en eût tiré quelques épreuves. La plupart des planches sont de H. Burgkmair; les unes marquées de son nom, les autres avec les lettres initiales de son nom. Cependant, on sait aussi, qu'Albert Durer eut grande part à l'exécution de cet ouvrage, soit pour le dessin, soit pour la gravure.

Parmi un grand nombre d'autres ouvrages, exécutés par Burgkmair, conjointement avec

Durer, nous nous contenterons de citer le fameux Tewrdanck, dont il a fait la plupart des planches, selon le sentiment du plus grand nombre. Il est vrai, que Papillon donne toutes les estampes de ce livre à Hans Scheuffelein, de qui nous parlerons ci-après.

Iohansen ou Hans Baldung, surnommé Grien ou Grun, peintre et graveur en bois et en clair-obscur, naquit à Gemunde en Suabe vers 1476. et florisoit depuis le commencement du seizieme siecle jusqu'en 1534. Il a beaucoup travaillé en Suisse, à Strasbourg et dans les pays d'alentour. Quant à ses ouvrages de peinture, on vante les tableaux qu'il a peiuts dans la Cathédrale de Fribourg en Brisgow. Sur un de ces tableaux on lit: Johann Baldung, Cog. *Grien*, Gamundianus, Deo et Virtute Auspicibus faciebat 1516. On trouve qu'en fait de peinture il ne le céde en aucune partie à Durer son contemporain.

Ses premiers ouvrages de Gravure sont d'un goût un peu gothique, et avec de mauvaises tailles; mais avec le tems il s'est corrigé. On a de lui de fort bonnes choses, surtout de fort belles têtes; on admire ses pièces en clair obscur.

H. Baldung.

On trouve, sur la plupart de ses estampes son chiffre H. B. et au milieu un G. Sur quelques autres on lit: Baldung fec. 1534. Voici son chiffre. **HB.** ou **HGB.**

1. Adam et Eve dans le paradis terrestre au pied de l'arbre du fruit défendu, dont Eve cueille une pomme. In fol.
2. La Chute d'Adam, avec une tablette suspendue à une arbre portant ces mots: *Lapsus humani generis.* 1511. In fol.

   Belle pièce en clair - obscur.
3—15. Le Sauveur et les douzes Apôtres, figures en pied; 13. pièces, avec l'année 1514. Petit in fol.
16. Le Crucifiement où St. Jean tient la Vierge entre ses bras; derriere la croix on voit la Madeleine qui s'essuye les yeux avec un mouchoir. In fol.

    Beau clair - obscur.
17. Xantippe montée sur Socrate, qu'elle fait marcher à quatre pattes, ou Aristote et Phryne. 1515. In fol.
18. Bachus ivre, couché à l'entrée d'un tonneau, du haut duquel un Amour lui pisse sur la tête. In 4.
19. La Sorcellerie, où l'on voit au haut de l'estampe une femme montée sur un bouc, tenant une longue fourchette et un pot qui fume. Pièce en clair - obscur. In fol.
20. Plusieurs Chevaux en liberté à l'entrée d'une forêt, et sur le devant un cheval qui rut. Id. fec. Pièce semblable.
22. Deux Paysages, gravés à l'eau forte sur fer. In 8.

    Très rare.

H. Brésang.

Hans Brésang, peintre et graveur en bois, étoit contemporain de Baldung Grun, né vers 1480. Du reste les circonstances de sa vie nous sont absolument inconnues: on ignore même le nom de sa patrie. Comme ses ouvrages ont été imprimés en Suisse, on pouroit conjecturer qu'il étoit de ces contrées. En comparant les ouvrages de Hans Baldung et ceux de Hans Brésang, on ne peut s'empêcher de former une autre conjecture, et de conclure que ces deux maîtres sont la même personne, tant leur goût de dessin et de gravure a de ressemblance. Quoiqu'il en soit, voici quelques pièces qu'on attribue assez généralement à Brésang. Son chiffre est formé d'un H. C. B.

1. Adam et Eve dans le paradis terrestre, avec le chiffre de Bresang 1519. In fol.
2. Le Christ à la Colonne. Avec le même chiffre 1504. In 4.
3. Le Christ pleuré par les saintes femmes. De même.
4. Le Christ mort étendu dans un linceul et porté par de petits anges vers le Pere éternel. De même.

Ces trois morceaux ont presque l'air chargé; tant les contours y sont forcés.

5—17. Le sauveur et les douze Apôtres, 13. pièces 1519. In 4.
18. Les trois Parques en fonction, dans une paysage, 1513. In 4.

Très rare.

Les monogrammes ICB. et IGB. laissent toujours les amateurs en doute sur le vrai nom des maîtres, qui s'en sont servis. On les donne tantôt à H. Brésang, et à H. Baldung-Grün; tantôt à H. Burgkmair et à H. Brosamer; encore à d'autres. Le Professeur Christ attribue le chiffre de Baldung à Brésang.

Lucas, ou Louis Krug ou Kruger, orfèvre, peintre et graveur au burin, né à Nuremberg vers 1489. et mort dans la même ville en 1535. Il fut élève de Hans Krug, habile orfère. On admire pour le tems, où Lucas a vécu, la bonne ordonnance de ses figures et le beau fini de sa gravure; témoins ses deux Adorations. Les François le nomment le maître à la Cruche, à cause de son monogramme. M. de Murr, dans son histoire de l'art de la ville de Nuremberg, a donné le catalogue de son œuvre.

Les estampes de Kruger sont marquées des lettres L. K. et au milieu une petite cruche

1. L'Adoration des Bergers 1516. In 4.
2. L'Adoration des Rois. De même.
3. Sainte Famille. Petit in 4.

4. Un

H. Scheuffelein.

4. Un Ecce homo, entouré de deux anges, avec les instrumens de la flagellation. Petit in 4.
5. St. Jean l'Evangéliste, à qui la Vierge apparoit sur un nuage, pendant que le diable lui détourne son écritoire. Petit in 4.
6. Deux femmes nues, les bras entrelacés, dont l'une tient une tête de mort, surmontée d'une horloge de sable. In 12.

Toutes les pièces de ce maître sont de la plus grande rareté.

Hans Schauflein, ou Scheuffelein, peintre et graveur en bois, né à Nuremberg vers 1487. et mort à Nordlingue en 1550. On croit qu'il étoit disciple d'Albert Durer, ayant imité exactement la maniere de ce maître, et dans ses tableaux et dans ses tailles de bois. S'étant fixé à Nordlingue, ville impériale en Suabe, il y fit plusieurs ouvrages de peinture; dans une église de cette ville on voit de lui un tableau d'autel, représentant une descente de croix, et à l'hôtel de ville le siège de Bethulie peint à fresque. Dans ces deux ouvrages on estime le talent pittoresque de l'artiste; mais on improuve avec raison son peu de connoissance du costume. Dans ce dernier tableau il a représenté les soldats qui montent à l'assaut, habillés à la mode du tems de ce peintre, et la ville assiégée battue par

K

le Canon. Quoiqu'il en soit, Scheuffelein étoit un homme de génie étonnant pour le siècle où il a vécu.

Cet artiste s'est surtout distingué par ses belles tailles de bois qu'il a fait paroîte depuis 1515. jusqu'en 1550. Les estampes de notre Scheuffelein sont marquées pour la plupart d'un H. et d'un S. placés entre deux jambages ainsi figurés: **HSL**. avec deux petites pelles croisées, en allemand Schäufelein, ce qui forme un chiffre parlant, comme cette marque: **HS⚔**. Sandrart dit avoir vu une estampe avec l'année 1455. et marquée avec le chiffre **HS**. qu'on interprète Hans Scheuffelein le vieux. Il résulteroit de-là, qu'il y a eu un graveur de ce nom, antérieur à celui dont nous parlons, et sans doute de la même famille. M. de Heinecke a rencontré plusieurs estampes, consistant principalement en ornemens d'orfèvrerie, toutes marquées du même chiffre.

Pièces de H. Scheuffelein le jeune.

1. La Création d'Eve. In 4.
2. Un Christ portant la couronne d'épine, et accompagné d'une Vierge de douleur. In fol.
3. Hérodiade portant le chef de St. Jean. In fol.
4. Le Festin d'Hérode, grande composition. Pièce en 2. planches. Gr. in fol. en t.

H. SCHEUFFELEIN.

5. Numa Pompilius sur son trône, recommandant le culte religieux aux Romains. In 4. en t.

6. Lucrèce assise au pied de son lit, s'enfonçant un poignard dans le sein. In 4. en t.

7. 8. Deux pièces avec le chiffre de l'artiste, servant d'ornemens à une traduction allemande de l'abrégé de l'histoire Romaine du Boccace. Augsbourg 1542. In fol.

9. Troupe de gens de guerre; au milieu un officier Suisse, le chapeau orné de plumes; et parlant à un homme le chapeau à la main. In 4. en carré.

10-18. Troupe de Soldats en marche; commendés par un chef à cheval, et trois officiers qui terminent le train 9. feuilles numérotées. Gr. in fol. en t.

19. Pyrame et Thisbé. Petit in fol.

20—23. Triomphe des femmes sur les sots, 4. feuilles in fol. en t.

Rares.

24—43. Procession de noce, où les figures marchent deux à deux. 20. feuilles.

44. Les Périls et Avantures de l'excellent et fameux Chevalier Tewerdanks, livre imprimé dans la ville Impériale de Nuremberg, par Hans Schonsperger l'aîné, bourgeois d'Augsbourg 1517. et orné de 118. estampes, de 7. pouces de hauteur sur 5. pouces de largeur.

On sait que le Tewrdank tient un rang distingué parmi les livres rares, et que les plus fameuses bibliothéques se font honneur d'en posséder un exemplaire. Sous des noms feints cet ouvrage décrit en vers allemans les actions et la vie de l'Empereur Maximilien J. qui passe pour en être l'auteur. Il est dédié à son petit fils Charles, Roi d'Espagne, Archiduc d'Autriche, par son Chapelain, Melchior Phintzing, Prieur de St. Alban prés de Mayence. Tout est merveilleux dans ce livre; mais ce qui l'est le plus, c'est que le Chapelain de l'auteur-empereur dit dans sa dédicace, qu'il a vû la plûpart des actions qui y sont décrites.

Les estampes, qui ornent ce livre, passent assez généralement pour avoir été gravées par Albert Durer, Hans Burgkmair et Hans Scheuffelein; mais voilà Papillon qui assure, sans trop motiver son jugement, qu'elles sont toutes de ce dernier.

ALBERT ALTDORFER, peintre et graveur en cuivre et en bois, né à Altdorf en Bavière vers 1488. et mort à Ratisbonne en 1538. d'autres lui donnent pour patrie, avec moins de fondement, Altdorf en Suisse. Il passe pour avoir été disciple d'Albert Durer dans la peinture et dans la gravure. A Ratisbonne on voit encore de lui quelques tableaux de chevalet qui ont leur mérite et qui ne sont pas indignes de son maître. Pour ses estampes, surtout les pièces gravées sur cuivre, elles ne sont pas de la perfection de celles de

A. ALTDORFER.

Durer. Mais Altdorfer a beaucoup gravé en bois, et les petites pièces que nous avons de lui en ce genre sont d'une si bonne entente et d'une si belle exécution, qu'elles peuvent aller de pair avec celles de Holbein. Les François l'appellent communément le petit Albert; on le confond même quelquefois avec Albert Durer, à cause d'un peu de ressemblance de leur chiffre. Comme il n'a fait que de petites estampes, on l'a rangé dans la classe des artistes qu'on nomme les petits maîtres, à cause de la petitesse des pièces. La plupart des pièces d'Altdorfer portent indifféremment deux sortes de monogrammes, dont voici la figure.

A. *Pièces gravées en cuivre.*

1. Portrait d'Albert Altdorfer, gravé par lui même, avec son chiffre. h. 1. p. 8. l. — l. 2. p. 3. l.
2. Portrait de Martin Luther, avec un ovale de feuillage. h. 2. p. 3. l. — l. 1. p. 6. l.
3. Adam et Eve dans le paradis terrestre. h. 1. p. 9. l. — l. 1. p. 5. l.
4. Dalila assise, coupant les cheveux à Samson qui repose sur ses genoux. h. 1. p. 7. l. — l. 1. p. 4. l.
5. Salomon idolâtre, pour complaire à ses femmes. h. 2. p. 3. l. l. 1. p. 6. l.
6. Judith portant la tête d'Holofernes au bout d'une épée. h. 2. p. 8. l. — l. 1. p. 9. l.

7. La Vierge assise devant un rocher tenant sur ses genoux l'enfant Jésus qui tend les bras vers deux petits garçons dont l'un tient un pot. 1507. h. 2. p. 7. l. — l. 1. p. 10. l.

8. La Vierge avec l'enfant Jésus dans une niche sur un autel h. 2. p. 3. l. — l. 1. p. 6. l.

9. La Vierge coiffée dans le costume de Ratisbonne, et assise dans une campagne, tenant l'enfant Jésus sur ses genoux; vers la droite un palmier. h. 2. p. 1. l. — l. 1. p. 3. l.

10. La Vierge assise dans un vaste paysage, avec l'enfant debout sur ses genoux; leurs têtes entourées de grands soleils. P. in 4.

11. Repos dans la fuite en Egypte. La Vierge est assise, coiffée d'un chapeau et l'Enfant sur ses genoux; St. Joseph est debout, aussi coiffé d'un chapeau et portant un bâton. Pièce in 12.

12. Jésus-Christ en croix; en bas plusieurs figures. in 8.

13. St. Jérôme sort d'une ville, avec son lion. h. 4. p. 6. l. — l. 3. p. 10. l.

Belle pièce.

14. St. Jérôme debout dans la grotte, devant un autel sur lequel se voit un livre, un crucifix et une tablette, avec le chiffre de l'artiste. Pièce in 12.

15. St. George à cheval, tuant le dragon. h. 2. p. 4. l. — l. 1. p. 7. l.

16. Didon s'enfonçant un poignard dans le sein. h. 2. p. 5. l. — l. 1. p. 5. l.

17. Lucrèce se plongeant une épée dans le corps; pièce sans chiffre, gravée à l'eau forte. h. 2. p. 4. l. — l. 1. p. 6. l.

18. Mutius Scévola, se brûlant la main. h. 2. p. 5. l. — l. 1. p. 5. l.

A. ALTDORFER. 151

19. Vénus entrant au bain, avec Cupidon. h. 2. p. 3. l. — l. 1. p. 6. l.
20. Vénus sortant du bain, accompagnée de Cupidon. De même. Copie d'après Marc Antoine.
21. Hercule et une Muse, figures debout; pièce nommée aussi Apollon et Vénus. h. 2. p. 6. l. — l. 1. p. 8. l.
22. Un Amour monté sur un cheval marin, accompagné de trois autres Amours. h. 1. p. — l. 3. p.
23. Amphion sauvé du naufrage par un Dauphin, accompagné d'une Néréide tenant un ancre 1525. h. 1. p. 6. l. — l. 1. p.
24. Pyrame et Thysbé. h. 2. p. 3. l. — l. 1. p. 5. l.
25. La Femme auprès de laquelle on venoit chercher le feu éteint à Rome. Ici elle est représentée assise sur un autel, tenant un sceptre et abordée par quantité de gens avec des lanternes. Sujet souvent traité par les vieux maîtres et différemment expliqué. h. 2. p. 10. l. — l. 1. p. 8. l.
26. Lascivia. Femme nue ailée debout dans les airs sur une étoile, portant d'une main une torche ardente et de l'autre un bâton avec un écusson. Au bas un paysage avec des fabriques. h. 3. p. 6. l. l. 1. p. 9. l.
27. Un Guerrier armé de toutes pièces qui se précipite dans l'eau: dans le lointain il y a un camp et plusieurs gens qui le regardent. h. 2. p. 5. l. — l. 1. p. 5. l.
28. Paysan et Paysanne qui dansent. h. 2. p. 1. l. — l. 1. p. 5. l.
29. Neuf Enfans dont six dansent et trois jouent des instrumens. h. 1. p. 2. l. — l. 3. p. 2. l. Sans marque.
30. 31. Deux Paysages; l'un avec des rochers, l'autre avec deux grands arbres. In 8.
32. La Synagogue, avec l'inscription: *Porticus Sinagogae judaicae Ratisbona fractæ* 21. die Febr. Anno 1519. In 8.

33. Une Aiguière, d'un côté une anse, de l'autre un dragon. In 4. Ouvrage d'orfèvrerie.
34. Un Gobelet, avec un couvercle qui peut servir de soucoupe, sur un fond noir. In 4. De même.

B. *Pièces gravées en bois.*

35—74. Histoire de la chute de l'homme et de sa rédemption, représentée dans une suite de 40 petites pièces, h. de. 2. p. 8. l. sur 1. p. 10. l. de large.

Suite précieuse et d'une belle exécution.

75. Sacrifice d'Abraham. In 12.
76. Josué et Caleb, portant des fruits et passant par une porte. In 12.
77. L'Annonciation 1513. In 12.
78. La Purification. In 4.
79. Le Massacre des Innocens 1511. In 4.
80. La Décollation de St. Jean 1512. In 4.
81. La Résurrection du Sauveur 1512. In 4.
82. La belle Vierge de Ratisbonne, d'après le tableau qui étoit autrefois dans la cathédrale de cette ville. In fol.

Pièce précieuse, imprimée en clair-obscur.

83. St. Jérôme dans sa caverne à genoux devant un crucifix. In 8.
84. St. Christophe dans l'eau, se baissant pour prendre l'enfant Jésus 1513. P. in 4.
85. St. George à cheval, dans un paysage, tuant le dragon 1511. In 4.
86. Pâris mourant sur le mont Ida, visité par les trois Déesses 1511. In 4.
87. Un Chevalier assis auprès d'une jeune fille. 1511. In 8.
88. Un Porte-Enseigne debout dans un paysage. In 8.

89. Paysage montagneux, avec des fabriques, et vers la droite un grand arbre. P. in fol.
90. Un grand Baptistère dans une église, où l'on voit la Vierge avec l'Enfant, un Pelerin et des Anges. P. in fol.
91. Façade d'un portail, où se voit une porte et dans la partie supérieure le chiffre de l'artiste. In fol.

Albert Altdorfer étant en petit, ce qu'Albert Durer est en grand, on a cru devoir s'étendre un peu plus qu'à l'ordinaire dans l'énumération de ses estampes. Voyez pour le reste de son œuvre, l'article Altdorfer, dans le Dictionnaire des Artistes de M. de Heinecke.

Hans ou Jean Holbein le jeune, fameux peintre et habile graveur en bois, naquit à Augsbourg en 1495. ou 1498. et mourut de la peste à Londres en 1554. Eleve de son pere, Jean Holbein le vieux, Bourgeois d'Augsbourg et bon peintre, il donna dans sa plus tendre jeunesse des preuves de son excellent génie. Il peignit en miniature, en détrempe et à l'huile des portraits et des sujets historiques qui dès-lors fonderent sa réputation. Holbein le pere, ayant changé de domicile, alla s'établir à Bâle en Suisse, où le jeune Holbein s'ouvrit une nouvelle carrière. Erasme se trouvant en cette ville pour soigner l'impression de ses ouvrages, fit faire son portrait par le jeune peintre: il en fut si charmé qu'il persuada Holbein de passer en Angleterre, le chargea de son portrait et d'une lettre de recommandation pour le chancelier Thomas Morus. Le chancelier le recommanda au Roi Henri VIII. qui sut apprécier ses talens et qui le récompensa avec une munificence royale.

Holbein a été un phénomence dans son siècle. On remarque dans ses portraits une grande vérité, et dans ses compositions historiques une imagination élevée. Son coloris est vigoureux, ses compositions sont fraiches, son exécution est d'un beau fini, et ses figures ont tant de relief qu'elles séduisent les yeux. A ses draperies près qui sont d'un goût mesquin, on ne s'apperçoit pas qu'il n'a pas vu l'Italie. Ses principaux ouvrages de peinture se voient à Bâle et à Londres.

La réputation de Holbein, comme peintre, est constaté; il s'agit maintenant de le faire connoître comme graveur en bois. On sait que Holbein le vieux a gravé dans ce genre; rien donc le plus naturel que d'inférer, que le fils ait apprit cet art de son pere, et peut-être d'Altdorfer dont la maniere est la même. Il a été, selon l'expression de Papillon, la gloire de la gravure en bois, et ici il rencontre juste. On prétend qu'il a commencé à graver à l'âge de seize ans ainsi vers l'an 1511. Depuis ce tems jusque vers 1526. qu'il se rendit en Angleterre, il avoit publié un nombre considérable de tailles de bois. Sa réputation le faisoit rechercher des plus fameux imprimeurs et libraires de son tems à cause de la délicatesse de son travail; et la plûpart des livres imprimés à Bâle, à Zurich, et à d'autres villes de la Suisse, ainsi qu'à Lyon, à Leyde, à Londres &c. sont remplis de petites estampes de sa façon. Après avoir peint en grand une quantité de sujets de son invention, il employoit toute sa dextérité à réduire ces tableaux en petits dessins. C'est ainsi qu'il dessina la fameuse Danse de la Mort et qu'il grava ensuite si supérieurement en bois. Les dessins originaux de cette suite se conservent encore à Bâle; ils doivent se trouver à la Bibliothèque de la ville. Il est bon d'avertir ici que la Danse de la Mort, peinte dans le cimetière de St. Pierre, n'est pas de Holbein; dans l'état actuel de cette peinture tout le travail est d'une main étrangère. Nous observerons encore que pour apprécier tout le mérite de ces petites estampes, il faut avoir sous les yeux les premières épreuves, imprimées seulement d'un côté. En effet un de nos amateurs de Leipzig, M. Otto, possède de cette suite 21. pièces qui ont ces qualités et qui sont d'une exécution très-délicate. Holbein a aussi gravé une Danse de paysans qu'il avoit peinte à Bâle; mais les estampes en sont aujourd'hui de la plus grande rareté. Les sujets qu'il a dessinés et gravés pour l'éloge de la folie de son ami Erasme, sont connus davantage; mais les originaux commencent aussi à se faire rares. Il paroît que les petites figures de l'ancien Testament ont été dessinées et gravées avant celles de la Danse des Morts; elles ne sont pas de la perfection de celles-ci, étant trop courtes et trop forcées dans les attitudes. Pendant son séjour en Angleterre la plûpart de ces planches passerent en Allemagne, en Hollande, en France, surtout à Lyon. Il a encore dessiné et gravé un grand nombre de frontispices, de vignettes, des morceaux d'orfèvrerie et d'ornemens.

La marque ordinaire de Holbein est un H. seul, quelquefois deux joints ensemble **HB**. **BH**. **H**. **H**. d'autre fois il signe son nom de cette manière: Hans Holbein.

1—90. Une Suite de 90. petites pièces, représentant des sujets de l'ancien Testament, h. 2. p. — l. 3. p. 2. l.

L'édition la plus connue de ces Estampes est celle de Lyon, imprimée chez les freres Mel-

H. HOLBEIN.

chior et Gaspar Trechsel, avec la date de 1539. — A la tête de cette suite il y a des vers latins d'un Poëte Lyonnois, dont voici le commencement:

Cernere vis, Hospes, simulacra simillima vivis?
Hoc Opus Holinae nobile cerne manús.

91—143. La Danse de la Mort, chef-d'œuvre de gravure en taille de bois, et en 53. Estampes. h. 2. p. 5. l. — l. 1. p. 10. l.

Il y a plusieurs éditions de cette suite: celle que nous avons sous les yeux est avec un titre italien qui porte: *Simolachri Historie, e figure de la Morte, in Lyone appresso Giov. Frelloni* MDXLIX.

Papillon qui rend compte de cette édition, et qui fait la description des estampes, prétend que les planches devoient avoir fourni déjà plus de cent mille exemplaires. Voyez, Traité de la Gravure en bois. Tome premier, p. 169. Nous ne dirons qu'un mot de Sigismond Holbein, oncle de Holbein le jeune. Il étoit peintre et graveur en bois. A juger de ses estampes, il étoit bien inférieur à son frere et à son neveu. Ses estampes sont marquées d'un S. d'un H. et d'un B. qui forment ce monogramme $\mathcal{SHB}$

B. BEHAM.

BARTEL BEHAM, ou BOEHM, peintre et graveur au burin, né à Nuremberg vers 1496. et mort à Rome vers l'an 1540. Selon Sandrart il finit ses jours en Italie où l'avoit envoyé le Duc Guillaume de Baviere au service duquel il étoit engagé. Le même Sandrart cite de ce maître plusieurs de ses tableaux qui de son tems se trouvoient à la Galerie de l'Electur de Baviere à Munich et dans le cabinet du prince de Neubourg. Il régne en général beaucoup d'obscurité dans les rapports sur la vie et les ouvrages de cet artiste. Tout ce qu'on sait de lui de plus approchant de la vérité nous vient de Sandrart qui nous apprend qu'après avoir quitté l'Allemagne, il a longtems travaillé à Rome et à Bologne, et que plusieurs estampes qui passent pour être de ce dernier, sont de la main de l'artiste allemand. C'est que la plûpart des pièces de Barthel ne sont pas marquées; de là l'incertitude sur leur auteur; et celles qui le sont portent les lettres B. B. et datent depuis 1520. jusqu'en 1533. Or on a confondu Barthel Beham avec Jacob Bink et d'autres; on lui a également attribué les pièces marquées d'un B. sur un dez, qui sont plutôt de Beatricet.

Voici les pièces qu'on lui attribue le plus généralement:

B. Beham.

1. Portrait de Guillaume Duc de Bavière. In 8.
2. Buste d'Erasme Balderman, Jurisconsulte, âgé de 33. ans. 1535. In 8.
3. Buste de Leonard van Eck, Docteur en droit et conseiller du Duc de Bavière. In 8.
4. L'Empereur Charles-quint à l'âge de 31. ans, avec cette inscription: *Progenies divum quintus sic Carolus ille imperii Caesar lumina et ora tulit.* Pièce marquée B. B. In 4.
5. L'Empereur Ferdinand I. avec l'inscription: *Proximus a summo Ferdinandus Caesar Rex Romanorum sic tulit ora genas.* B. B. In 4.

Ces deux pièces, très-bien gravées, sont tout-à-fait dans le goût de Marc-Antoine. Comme Vasari prétend, que celui-ci a gravé le portrait de Charles-quint, et qu'on en a des épreuves sans marque, il se peut qu'il ait pris l'ouvrage de B. Beham pour celui de Marc-Antoine.

6. Adam et Eve, avec la Mort placée devant l'arbre. Petite pièce, sans marque.
7. Judith assise sur le corps d'Holoferne, auquel elle vient de couper la tête; petite pièce gravée en 1525. dans le goût de Marc-Antoine.
8. La Vierge assise à l'embrasure d'une fenêtre, donnant le sein à l'enfant Jésus.

Une des plus belles pièces de l'artiste, sans marque.

9. Une Sibylle assise, lisant dans un livre, et ayant devant elle un jeune garçon qui tient un flambeau.

B. BÉHAM.

B. B. Le sujet paroît être de Raphael. h. 2. p. 5. l. = l. 1. p. 2. l.

10. Susanne menée devant les anciens. *Ante senes formae causa - - criminis arguitur.* Sans marque. D'après Jules Romain. h. 2. p. 5. l. — l. 3. p. 1. l.

11. Lucrèce debout auprès d'une colonne se plongeant un poignard dans le sein. In 16. Sans marque.

12. Cléopatre à demi-nue, assise dans un paysage, se faisant piquer par un grand serpent 1520. Sans marque. In 16.

13. Páris, assis sur une pierre, donne la pomme à Vénus, et derrière lui Mercure. Petite pièce sur un fond noir, de 2. p.

14. Combat de gens nuds à cheval et à pied, petite frise, marquée: Titus Grachus. h. 2. p. l. 10. p. 2. l.

15. Combat de gens nuds, où l'on se bat à coups de massues et de troncs d'arbre. Pièce semblable.

16. Un Soldat assis à côté d'une Paysanne et lui faisant des caresses. Très-petite pièce.

17. Un Enfant assis à terre, caressant un chien, auprès d'un vase d'ornement 1525. Petite pièce en rond.

18. Un Enfant endormi à terre et appuyé sur une tête de mort. B. B. 1524. Petite pièce.

19. Une Femme à demi-nue, endormie sous un arbre, les fers aux mains, avec un enfant à son côté et un agneau à ses pieds. Dans le lointain on voit courir un loup tenant dans sa gueule une épée et chassant devant lui une oie. Emblème de la Justice, avec l'inscription: *Der Welt Lauf.* h. 2. p. 5. l. l. 1. p. 5. l.

20. Un Avorton, mis au monde par une femme, ayant les bras sur sa tête; elle est accompagnée d'un homme nud et debout qui tient deux bourses et qui a un crapaud

S. BEHAM.

paud sur l'épaule. En haut se voit une tablette, avec une sentence de l'Ecclésiaste. h. 3. p. l. 2. p.

Barthel Beham peut être mis au rang des meilleurs artistes de son tems. On trouve de la correction dans son dessin et de l'expression dans ses têtes, jointes à une tournure agréable de ses figures; au reste ses ouvrages sont de la plus grande rareté. — Voyez l'article Beham, au Dictionnaire des Artistes de Heinecken.

Hans Sebald Beham, ou Boehm, cousin ou neveu de Barthel, peintre et graveur au burin et en bois, né à Nuremberg en 1500. et mort à Francfort sur le Mein en 1550. Sandrart nous apprend que Sébald avoit appris la gravure de Barthel, et que non content de copier les pièces de son cousin pour s'approprier sa maniere, il avoit composé et gravé plusieurs petites estampes, soit en cuivre, soit en bois. Il ajoute que sa vie libertine le força de quitter Nuremberg et de se réfugier à Francfort où il s'établit: que là il fut assez laborieux, mais qu'il y continua le même train de vie, en finissant par y établir un cabaret. Sandrart termine sa notice par nous avertir que ce maître s'est servi d'abord du chiffre HSP. puis de celui de HSB. Faute d'avoir fait attention à cet avertissement, on a fait de singulières bévues, et d'un artiste on en a fait deux et même d'avantage, surtout les étrangers. Il est étonnant que cette différence du P. et du B. dans un Monogramme ait également dérouté les Allemans, eux qui confondent perpétuellement ces deux lettres, et dans la prononciation et dans l'orthographe. Il est évident que ces deux chiffres avec cette seule différence désignent le même artiste, et qu'il est avéré présentement, qu'à Nuremberg il marquoit ses estampes d'un P. et à Francfort d'un B. Les François l'ont appellé Sebald Been, Hisbens, Hispean, Hisbins, Hispanien, Peham, Hans Sebald de Bohême. Les Italiens on encore renchéri sur les François. Du reste, Beham, du nombre des petits maîtres, est très-amusant, tant par la variété que par l'agrément de ses productions. On trouve dans ses plus petites pièces de l'intelligence, de l'expression et un burin d'une extrême netteté.

A. *Pièces avec le chiffre* **ISP.** *faites à Nuremberg depuis* 1519. *jusqu'en* 1530.

1. Portraits de Sebolt Beham, de sa femme Anne Behamin, et au milieu son chiffre dans un cercle de laurier, d'après une pierre gravée par lui-même en trois médaillons h. 2. p. 1. l. — l. 4. p. 4. l.

Pièce gravée aussi par Hollar.

S. BEHAM. 163

2. Deux petites pièces, représentant Adam et Eve dans le Paradis terrestre, 1519.

3. St. Jérôme, avec son lion et portant le chapeau de Cardinal sur le dos, 1519. P. in 12.

4. La Vierge assise au pied d'un arbre, ayant sur ses genoux l'Enfant à qui elle donne à téter. 1520. P. in 12.

5. La Vierge rayonnante, debout sur un croissant, tenant l'enfant Jésus. 1520. P. in 12.

Pièce appellée la belle Vierge de Ratisbonne.

6. La Mort de Didon. *Reginæ Didonis imago.* 1520. In 8.

7. St. Antoine l'Hermite, assis et écrivant. 1521. In 12.

8. St. Sébalde, Patron de Nuremberg, assis entre deux troncs d'arbre, tenant de la main droite le modele de son église. 1521. in 12.

9. Deux Paysans, marchant et jouant de la flûte et de la musette.

Très-petite pièce.

10. Paysan et paysanne qui dansent. 1522.

Très-petite pièce.

11. Un Triton portant sur son dos une Néréide 1523.

Très-petite pièce.

12 La Force, représentée par une femme assise sur un lion. 1524. P. in 16.

13. Jeune Homme, assis à terre sous une treille, à côté d'une jeune Fille qui l'embrasse et avec laquelle il prend des libertés 1526. In 12.

14. Cléopâtre dans la prison se faisant piquer par un aspic. P. in 16. 1529.

15. Un Vase, portant pour inscription: Hie oben magst

auch einen Fooß machen. — — Modele d'orfèvrerie. 1530. P. in 12.

16. Combat des Grecs et des Troyens, avec ces mots: *Krichen und Droioner*. Très-petite frise.

17. Autre Combat, pièce semblable: *Achilles und Hector*.

B. *Pièces avec le chiffre* ISB *faites à Francfort depuis* 1531. *jusqu'en* 1549.

18. Un Vase enrichi d'ornemens de sculpture; en bas deux syrènes. 1531. In 12.

19. Adam et Eve, qui se caressent; derrière eux un cerf. 1536. P. in 12.

20. Adam et Eve debout dans le Paradis terrestre, au milieu d'eux la Mort, entortillée du serpent, duquel ils prenent la pomme. 1543. Pièce p. in 12.

D'un beau fini.

21. L'Empereur Trajan, à la tête de son armée s'arrête pour entendre une femme qui lui demande justice du fils de ce Prince. 157. In 12.

22. La Mélancolie, avec l'inscription: *Melancolia*. 1539. Pièce p. in 12. d'après Alb. Durer.

23. La Patience, figure de femme assise sur une colonne, avec le mot: *Pacientia*. Au bas sur une tablette on lit: *Sebaldus Beham Noricus faciebat*. 1540. P. in 12.

24. Une jeune Fille, accompagnée d'un Bouffon qui lui présente des fleurs. 1540. Petite pièce à l'eau forte.

25. *Fortuna*. La bonne Fortune, figure debout qui tient une roue, sur laquelle est assis un de ses favoris. 1541. Petite pièce.

26. *Infortunium*. La mauvaise Fortune, figurée par une femme qui est arrêté dans son chemin par un mau-

vais Génie et qui a auprès d'elle une écrevisse. Pièce semblable.

27—30. Quatre très-petites pièces, représentant les quatre Evangélistes ailés, où St. Matthieu porte l'année 1541.

31—42. Les douze Travaux d'Hercule. *Aerumnæ Herculis.* 12. petites pièces, chacune avec un intitulé latin, gravées depuis 1542. — jusqu'en 1548.

43. Un Tambour *Acker Cuncz*, qui bat la caisse et un Enseigne, *Klos Wuczer*, avec l'inscription: *Im Baueren Krieg.* 1525. Petite pièce in 16. gravée en 1544.

44. *Czimmon* nourri par sa fille, ou la Charité romaine. Avec l'inscription sur une colonne: *Ich leb von der Brust meiner Dochter.* 1544. in 16.
Pièce très-bien gravée.

45. Les Armes de Beham, accordées à la famille par l'Empereur Maxilien, avec l'inscription: Sebaldt Beham von Nürnberg, Maler, jetzt wohnhafter Burger zu Franckfurt. *Sebald Beham de Nuremberg, peintre, présentement Bourgeois démeurant à Frankfort.* 1544. h. 2. p. 6. l. — l. 2. p. 2. l. en héxagone.

46. Buste de Domitia Calvilla, en regard avec l'Empereur Trajan, entourés de laurier, tirés des Médailles antiques. 1546. h. 1. p. 9. l. l. 1. p. 9. l.

47—53. Les douze Mois de l'année, figurés chacun par un Paysan et une Paysanne qui dansent; deux mois sur une feuille, 7. petites pièces dont la dernière est pour la clôture de l'année 1545.

54. Le Jugement de Pâris, avec les trois Déesses nues. *Judicium Paridis.* 1546. jolie pièce in 16.

55. La Mort, portant des aîles, saisit par derrière une jeune femme nue. A côté d'elle se trouve une pierre avec l'inscription: *Omnem in homine venustam mors abolit.* 1547. Pièce in 16. d'un beau fini.

56. Un Homme qui fait des efforts inutiles pour arracher un arbre, avec l'inscription: *Impossibile*. Niemand unterſte ſich groſſer Ding die im zu thun unmuglich ſindt. 1549. P. in 12.

57. La Vierge assise dans une chambre, tenant l'enfant Jésus dans ses bras, et dans ses mains un perroquet et une pomme. *S. Maria.* 1549. P. in 12. D'après Barthel Beham.

C. *Pièces gravées en bois, indifféremment marquées du B. et du P. dans le chiffre.*

58. Portrait de Beham, en bonnet et sans barbe. 1546. I. S. B. In 8.

59—66. La Passion de notre Seigneur, huit pièces, deux avec le P. et six avec le B. In 12.

67. La Vierge assise sous un arbre, l'enfant Jésus sur ses genoux, avec St. Joseph qui arrache une branche d'arbre. Gr. in 8.

68. La Vierge assise devant une treille, ayant sur ses genoux l'enfant Jésus, qui s'appuye sur sa mere. In 8.

69. St. Jérôme pénitent, devant lui un livre et un crucifix. In 8.

70. Un jeune Homme portant un chapeau et trois cornes, assis sur l'herbe auprès d'une treille, et prenant des libertés avec une jeune fille. In 12.

71. Femme ailée et assise, couronnée et étoilée, avec un squelette sous ses pieds; elle tient une main appuyée sur un flacon et l'autre sur son sein. Un Enfant ailé tient un bout de sa draperie. 1548. In 12.

72. Bain public d'hommes, de femmes et d'enfans, en

différentes occupations, ou Bain des Anabaptistes. Pièce en rond, de 10. p. 9. l. de diamètre.

Rare.

73. Autre bain public, de même; très-grande pièce en quatre feuilles, avec le chiffre.

Rare.

74. Foire de village, et divertissement des villageois, où se voit un clocher, avec un grand chiffre d'horloge. Très-grande frise.

Rare.

75. Marche de Soldats, avec un train de bagage. Très-grande frise en quatre feuilles. Avec le chiffre de l'artiste.

Rare.

76. *Biblicae Historiae, artificiosissime depictae.* Livre composé de 348. morceaux gravés en bois, dont la plupart portent des figures des deux côtés. h. 2. p. — l. 2. p. 6. l.

Il y a deux éditions de ce livre, l'une en latin: Latinis epigramatibus — — Francofurti 1539. L'autre en allemand: *Biblisch Historien, figürlich fürgebildet, durch den wolberümpten Sebald Behem von Nurnberg.*

Voyez les Articles de Beham dans le Dictionnaire des Artistes de Heinecken, et dans le Catalogue raisonné du Cabinet d'Estampes de Brandes. Dans la collection de Mariette l'œuvre de Beham consistoit en 300. pièces, et fut vendu 200. L.

G. PEINS.

GRÉGOIRE PEINS, nommé communément GEORGE PENTZ, peintre et graveur au burin, né à Nuremberg en 1500. et mort en 1536. Peins mérite d'être distingué de tous les petits maîtres par l'excellence de son talent. Après avoir appris les principes de l'art dans l'école de Durer, il se rendit en Italie, où il étudia les ouvrages de Raphael et grava avec Marc-Antoine diverses pièces d'après ce grand maître. La Galerie de Vienne possède de ce maître quelques tableaux de chevalet admirés des connoisseurs. En gravure son œuvre est assez considérable. On a nombre de petites estampes qu'il a gravées sur ses dessins et qui sont de vrais chef-d'œuvres soit pour la correction soit pour la manœuvre.

Sa marque est composée d'un G. et d'un P. joints ensemble, dont on voit ici la figure

15 ₧ 43

1. Portraits de Grégoire Peins et de sa femme sur une même planche, avec cette inscription: *Imago Gregori Peins. Imago Duxore Gregori Peins*, avec son chiffre. In 8. en travers.

D'après ce portrait, Grégoire Peins paroît être son véritable nom. Sans doute les amateurs ont été induit en erreur par Nic. van Aelst qui l'appelle Georgius Pentz dans la grande pièce qui termine cet article, d'après Julius Romanus.

2. Portrait en buste de l'Electeur Jean-Fréderic de Saxe. Spes mea in Deo est. Johannes Fredericus. 1543. G. in Fol. Rare.

3. 4. Deux petites pièces: Job tenté par le Diable et grondé par sa femme; Esther trouve grace devant le roi Assuérus. h. 2. p. 3. l. — l. 3. p. 2. l. en t.

5. 6. Deux petites pièces: Judith dans la tente d'Holoferne; Judith ayant coupé la tête de Holoferne. h. 1. p. 9. l. — l. 2. p. 10. l.

7. 8. Deux petites pièces: Le jugement de Salomon: Salomon idolâtre pour complaire à ses femmes. Même grandeur.

9. 10. Deux petites pièces: Susanne sollicitée par les deux Vieillards; Loth enivré par ses filles. De même.

11—14. Quatre pièces in 12. de l'histoire de Joseph, savoir: 1). Joseph explique le songe de son père. 2). Joseph descendu dans la citerne. 3). Joseph vendu par ses freres. 4) Joseph sollicité par la femme de Potiphar.

15—21. Histoire de Tobie, avec des inscriptions allemandes, en 7. feuilles. 1543. h. 2. p. 6. l. — l. 3. p. 10. l. Suite complette.

22. 23. Deux petites pièces: Le Samaritain charitable; la Conversion de St. Paul 1545. h. 2. p. 10. l. — l. 4. p. 2. l.

24—27. Quatre pièces in 12. représentant les quatre Evangélistes, avec les chiffres de Peins et d'Aldegrever.

28.—34. Les sept oeuvres de miséricorde. 7. feuilles, avec des inscriptions allemandes. Pièces en rond, de 2. p. 1. l. de diamètre.

35. La Vie et les Miracles du Sauveur, commen-

çant par la Nativité et finissant par la descente du St. Esprit. En 25. feuilles numérotées. h. 1. p. 5. l. — l. 2. p. 2. l.

Suite complette et d'un beau fini.

36. 37. Deux petites pièces: Aristote amoureux de Phriné, sert de monture à sa maitresse; Hérode amoureux de Salomé fait présenter à sa maîtresse la tête de St. Jean Baptiste. h. 1. p. 9. l — l 2. p. 6. l.

38. 39. Deux pièces in 12. en travers: Tarquin faisant violence à Lucrece; Lucrece venant de se donner la mort.

40. 41. Deux autres pièces de même: Le Roi Porsenna, et Clélie qui passe le Tibre à la nage; Horatius Coclès qui défend seul le pont du Tibre. In 8. en t.

42. 43. Deux sujets tirés du vieux roman de Virgile magicien. 1) Virgile exposé dans un panier par sa maîtresse aux avanies du peuple. 2) Virgile ayant éteint par magie tout le feu de la ville de Rome, contraint le peuple de venir allumer la chandelle à sa maitresse. h. 2. p. 3. l. — l. 3. p. 1. l.

44. Procris et Céphale. 1539. In 12.

45. Médée et Jason. 1539. In 12.

46. Didon prête à se poignarder. *Dido.* In 12.

47. La Reine Tamiris met la tête de Cyrus dans un sac. *Tamiris.* In 12.

48. La Mort de Virginie. *Virginia.* In 12.

49. Mutius Scevola, mettant sa main dans un brasier ardent. In 12.

50. Marcus Curtius à cheval se précipitant dans un gouffre. In 12.

51. Titus Manlius puni par son pere pour avoir désobéi aux loix militaires. In 12.

Ce sujet, souvent traité par les vieux maîtres

G. PEINS.

allemands, offre une machine de supplice, ressemblante à la Guillotine en France.

52. Le supplice de Regulus. 1535. In 12.
53. Sophonisbe boit la coupe empoisonnée. In 4.
54. Arthémise boit les cendres de son époux. In 4.
55. Achille, élève du Centaure Chiron. 1543. In 4. en trav.
56. Triomphe de Bacchus, frise dans le goût antique. h. 1. p. 10. l. — l. 10. p. 4. l.
57. Les six Triomphes emblématiques de la vie humaine, en six feuilles numérotées. 1) Triomphe de la Valeur. 2) Triomphe de la Chasteté. 3) Triomphe de l'Amour. 4) Triomphe du Tems. 5) Triomphe de la Mort. 6) Triomphe de la Religion. In. 4. en t.
58. Les cinq sens, figurés par des femmes nues assises, 5. feuilles avec des inscriptions latines. h. 2. p. 10. l. — l. 1. p. 10. l.
59. Les sept Arts libéraux, figurés par des femmes assises; 7. feuilles, chacune avec son inscription latine. h. 2. p. 9. l. — l. 1. p. 10. l.
60. Les sept Péchés mortels; sept feuilles, savoir: 1) La Colere. *Ira. Furor brevis sum.* 2) L'Orgueil. *Superbia. Omnes despicio.* 3) La Gloutonerie. *Gula. Innumeros occido.* 4) L'Envie. *Invidia. Me ipsam Tabefacio.* 5) La Volupté. *Ego Venus omnia vasto.* 6) L'Avarice. *Avaritia. In copia sum inops.* 7) Paresse. *Pigritia. Invisa sum omnibus.* h. 3. p. — l. 2. p.
61. Ville prise d'assaut par les Romains, pièce nommée communément la Prise de Carthagène. *Giulio Romano pinx. Georgius Pentz, Pictor Nurenberg faciebat* 1749. *Nic. van Aelst formis, Romae.* Gr. piè-

ce en t. Estampe comparable aux plus belles de Marc Antoine.

Dans la Collection de Mariette l'oeuvre de Peins formoit 250. pièces dans un volume, qui ne fut vendu que 120. L.

Henri Aldegrever, peintre et graveur au burin, naquit à Soest en Westphalie en 1502. et mourut dans sa patrie vers 1552. Il dut son talent à son amour pour l'art du dessin: après avoir étudié les estampes d'Albert Durer dans sa ville natale, il se rendit à Nuremberg où il prit des leçons de peinture et de gravure chez ce grand maître. Ses progrès furent rapides dans l'un et l'autre art. De retour dans son patrie, il sappliqua préférablement à la peinture; et M. Fuefsli avance que les églises de son pays sont décorées de ses tableaux, dans lesquels on admire le bon coloris. Du reste ses ouvrages de peinture ressemblent à ceux de son maître. Enfin il quitta le pinceau pour prendre entièrement le burin. Suivant la date de ses estampes il grava depuis 1525. jusqu'en 1552. Aldegrever tient un rang distingué parmi les petits maîtres, et toutes ces petites pièces, fruit de son instrument, sont rendues avec autant de précision que de délicatesse. Son dessin est correct, mais il tient pourtant du Gothique. Comme il n'avoit devant les yeux que les ouvrages de Durer et ceux de ses contemporains, il n'est pas étonnant que ses contours et ses draperies n'aient pas cette facilité et cette aisance qu'on découvre chez les artistes ultramontains de son tems.

Le nom d'Aldegrever a eu le sort d'être estropié de différentes manières comme tant d'autres. Sandrart le nomme Albert Aldegraf, induit en erreur par la figure de son Monogramme. D'autres l'ont appellé Albert de Westphalie, à cause de son pays. Son chiffre est formé des lettres H. A. G. entrelacées.

Voici les principales pièces de son oeuvre.

1. Le Portrait d'Aldegrever sans barbe. *Aldegrevers hec est — — ætatis. XXVIII.* 1530. P. in 4.
2. Le Portrait d'Aldegrever avec une forte barbe. *Anno M. D. XXXVII. Imago — — ætatis suae XXXV.* In 4.
3. Portrait en buste de Martin Luther. Avec des inscriptions latines. *Martinus Lutherus.* 1540. In 4.
4. Portrait en buste de Philippe Mélanchton. Avec des inscriptions. *Philippus Mélanchton.* 1540. In 4.
5. Portrait d'Albert van der Helle, *anno suæ ætatis XXVIII.* 1538. In 4.
6. Portrait de Guillaume Duc de Juliers. Anno M. D. XL. In fol.
7. Portrait de Jean van Leyden Roi des Anabaptistes, à mi-corps. In fol.

8. Portrait de Bernard Knipperdolling, à mi-corps fanatique. Même grandeur.

Ce sont là les meilleures pièces d'Aldegrever.

9—14. L'Histoire d'Adam et d'Eve chassés du Paradi terrestres. Six pièces. 1540. In 12.

15—18. L'Histoire de Loth. Quatre pièces, 1555. In 12.

19—22. L'Histoire de Joseph et de ses freres, Quatre pièces, 1528 — 1532. In 12.

23—29. L'Histoire de Thamar et d'Absalon, sept pièces. 1540. In 8.

30. David, appercevant de la fenêtre de son palais Bethsabée au bain. In 8.

31. Jugement de Salomon, 1555. In 8.

32. Judith avec la tête d'Holoferne. 1528. In 12.

33 — 36. Histoire de Susanne, en quatres pièces. 1555. In 8.

37—40. La Parabole du Samaritain charitable, en quatre pièces. 1554. In 8. en t.

41—45. La Parabole du mauvais Riche, en cinq pièces. 1554. In 8. en t.

46—50. Les quatre Evangélistes assis sur des nues. Quatre pièces. Avec les chiffres de G. Peins et d'Aldegrever. 1539. In 8.

50. L'Annonciation, où se voit Dieu le pere donnant sa benédiction. 1553. In 8.

51. La Nativité, où la Vierge, les Anges et les Bergers adorent l'enfant Jésus. 1553. In 8.

52. La Vierge, avec l'enfant Jésus se reposant sous un arbre. 1527. In 12.

53. La Vierge trés-bien drappée, portant l'enfant Jésus et un étendart. 1552. In 12.

H. ALDEGREVER.

54. Médée assise, mettant ses Dieux Pénates entre les mains de Jason. 1529. In 8.
55. Rhée Silvia avec le berger qui expose Rémus et Romulus sur les bords du Tibre. G. in 8.
56. Tarquin faisant violence à Lucrece, avec les chiffres de Peins et d'Aldegrever. 1539. In 8.
57. Sophonisbe assise sur un trône; prête à boire la coupe empoisonnée. 1553. In 8.
58. Marcus Curtius à cheval se précipite dans un gouffre à Rome 1532. G. in 8.
59. Mutius Scévola devant le Roi Porsenna 1530. G. in 8.
60. Titus Manlius faisant couper la tête à son fils pour avoir désobéi aux loix militaires 1553. In 8.

Voyez ci-devant la remarque sur le même sujet à l'article de G. Peins.

61. *Pater, ne post suam mortem, filius degenerans male periret, eum obtruncavit.* Le Comte d'Archambaud malade, égorgeant son fils avant de mourir 1553. In 8.
62. Combat d'Hector, petite frise, avec l'inscription: *Hector Trojanus.* 1552. h. 2. p. 1. l. — l. 4. p. 10. l.
63. Bataille d'Annibal et de Scipion. *Hannibal. Scipio.* Frise. h. 1. p. 10. l. — l. 7. p. 10. l.
64—70. Les Divinités qui président aux Planetes, avec leurs attributs mythologiques; sept pièces. In 12.
71—83. Les Travaux d'Hercule, dans une suite de treize pièces, chacune avec un distique latin 1550. In 12.

Belles et difficiles à trouver.

84. Orphée jouant du violon auprès d'Euridice assise au pied d'un arbre; pièce gravée à l'eau forte en 1528. In 12.

Rare, étant la seule pièce qu'Aldegrever ait gravée à la pointe.

85—98. Suite de diverses figures allégoriques avec leurs attributs représentées en quatorze pièces in 16. gravées en 1549—1550.
  1) La Concorde. 2) La Paix. 3) La Diligence 4) La Fortune. 5) La Richesse. 6) La Paresse. 7) L'Intempérance. 8) La Débauche. 9) L'Envie. 10) La Colère. 11) La Pauvreté. 12) La Patience. 13) La bonne Conscience. 14) Le Sauveur victorieux, avec l'inscription: *Pax nostra Christus*.

99—105. Les Vertus cardinales, en sept pièces; chacune avec un distique latin, savoir: 1) La Charité. 2) L'Amour du prochain. 3) La Diligence. 4) La Patience. 5) La Chasteté. 6) La Tempérance. 7) L'Humilité. 1552. In 12.

106—112. Les Vices, ou les sept Péchés mortels en sept pièces; chacune avec un distique latin savoir: 1) L'Orgueil. 2) L'Envie. 3) La Colere. 4) La Luxure. 5) L'Avarice. 6) La Gourmandise. 7) La Paresse. 1552. In 12.

113—120. L'Empire de la Mort sur tous les humains depuis la Création jusqu'à nos jours, en huit pièces; chacune avec un verset latin. 1541. In 16.

121—132. Procession d'une Noce Westphalienne, réprésentée dans une suite de douze pièces, où les gens de la noce marchent en dansant deux-à-deux, accompagnés de Musiciens. 1538. In 8.

133—140. Autre Procession d'une Noce semblable, représentée dans une suite de huit pièces. 1551. In 16.

141—146. Suite de Messieurs et de Dames dans diffé-

H. ALDEGREVER.

différentes actions accompagnés de la Mort qui les entraîne. Six piéces avec la date de 1562. In 12.

Cette suite, si elle est originale, seroit le dernier ouvrage d'Aldegrever.

148. Femme nue, tenant d'une main une horloge de sable et de l'autre une poire; au bas on voit une fosse avec une tête de mort et un globe sur lequel est écrit: *Respice finem*. 1529. In 12.

149. Femme nue aîlée et élevée dans les airs sur un globe, portant un calice, un frein et un serpent: Symboles de la Prudence et de la Tempérance 1555. In 12.

150. Un Officier vu de face portant un drapeau. 1540. In 8.

151. Une femme, représentant la Nuit, endormie sur un lit. 1553. In 12.

Pièce libre.

152. Un Homme armé d'une épée surprend à l'écart un Moine et une Religieuse. 1530. In 12.

Très-rare.

153. La Sociéte des Anabaptistes, figures nues dans différentes attitudes et dans un bain. In fol.

Très-rare.

Nous ne spécifierons pas ce grand nombre de cartouches, d'arabesques, de vases d'ornemens, de sujets fantastiques, de frises, de vignettes et de cul-de-lampes, qu'il a inventés et gravés pour les orfèvres et les libraires. Il s'en est occupé depuis 1520, jusqu'en 1559.

Voyez sur ces objets le Dictionnaire des Artistes de Heinecke, Tome I. pag. 124. et suivantes.

Dans la Collection d'Estampes de Mariette l'oeuvre de ce maître consistoit en un grand Vol. in fol. composé de plus de 380. pièces et ne fut vendu que 179. L. 19. S.

JACOB BINCK, dessinateur et graveur au burin, né selon les uns à Nuremberg, selon les autres à Cologne vers 1504. et mort à Rome vers 1560. Il passe pour constant, que Binck a été disciple de Durer et qu'il a travaillé à Nuremberg avant d'aller en Italie. Sandrart avance, que cet artiste a gravé à Rome sous Marc-Antoine d'après quelques ouvrages de Raphael. Quoi qu'il en soit, on a de lui un grand nombre de petites pièces de son invention qui lui donnent un rang distingué parmi les petits maîtres. Son style a de la ressemblance avec celui d'Aldegrever; mais il a plus de facilité dans l'exécution et plus de correction dans le dessin; en un mot il tient du goût des Italiens par une certaine tournure agréable de ses figures.

La marque de Binck, qui ressemble à celle de plusieurs autres maîtres de la même époque, jette de la confusion sur cette matière et fait qu'on à de la peine a ranger les pièces à leur vraie place. Son chiffre ordinaire est I. B. ainsi que les lettres **IB** jointes ensemble. Pour ne pas confondre ses ouvrages d'après ces marques extérieures, il faut faire la plus grande attention à son goût de gravure.

1. Portrait de Jacob Binck, en jeune homme coiffé d'un bonnet, tenant une tête de mort dans sa pelisse, et une coupe dans sa main droite. In 8.

2. Portrait de Luc Gassel, portant la date de 1529. et le chiffre I. B. avec l'inscription: *Imago ab Jacob Binck ad vivum delineata.* Pièce gravée d'après ou par J. Binck. In 8.

3. Portrait de François I. *Franciscus Rex Franciae.* h. 1. p. 3. l. — l. 11. l. sans marque.

4. Portrait d'une jeune Princesse. 1526. Même grandeur et sans marque.

5. Christiernus II. Danorum Rex, portrait entouré d'ornemens d'architecture. 1525. In 12.

6. Elisabeth Danorum Regina, Archiducis. Austr. Pendant.

7. Buste de Martin Luther. *In silentio vestra.* 1530. Pet. in 8.

8. Buste de Philippe Mélanchton. *Si Deus pro nobis quis contra nos.* Pendant de Luther.

9. St. Jérôme debout et drappé, derrière lui son lion. In 12.

10. Marcus Curtius nud à cheval portant un casque et un bouclier, sur le point de se précipiter dans le goufre. 2. p. 1. l. de diamètre. Marquée 15 I. B. 29.

11. Triomphe de Bacchus; il est assis sur un char,

poussé par deux Satyres, et précédé de joueurs d'instrumens et de femmes qui portent des trophées. Bacchanale en frise. 1528.

13. Des Enfans qui font vendange, ou Bacchanale d'Enfans; frise. h. 3. p. 4. l. — l. 11. p. gravée en 1529. et marquée I. B.

14—20. Les sept Planetes, figurées par des Divinités debout. 7. pièces gravées en 1528. et marquées I. B. In 12.

21—27. Les sept Vertus, 1) La Foi. 2) La Justice. 3) La Patience. 4) La Charité. 5) L'Espérance. 6) La Force. 7) La Tempérance. Marquées I. B. In 12.

28. Pièce emblématique en forme de médaillon, sur un monument suspendu à une colonne, où se voit le coeur d'un homme vertueux battu sur un enclume par quatre figures allegoriques.

29. L'Espérance, l'Envie, la Tribulation et la Tolérance, inventée par Bilibald Pirkheimer, et marquée 15 I. B. 29. Gr. in 8.

30. Un homme armé au pied d'un arbre, tenant d'une main une pique et de l'autre un fourniment. Gr. in 8.

31. L'Histoire figurée par une femme aîlée qui écrit sur une tablette. Petite pièce en rond.

32. Une Dame allemande, allant au marché avec sa servante, achete un canard d'un paysan. De même.

33. Un Paysan qui vend des raves à deux femmes. De même.

34—53. Vingt pièces, représentant vingt Divinités debout dans des niches, copiées d'après Caralius, qui les avoit gravées sur le dessin du Rosso. In 4.

J. BINCK.

Pièces marquées du chiffre I. C. B.

54. Adam, tenant une branche d'arbre; petite pièce avec le chiffre sur une tablette.

55. Eve, tenant un bouquet de deux pommes; pièce semblable, plus petite.

56. Loth avec ses filles, petite pièce en rond, marquée deux fois.

57. David nu, avec la tête de Goliath 1526. Petite pièce.

58. Judith nue tenant la tête d'Holofernes de la main droite, et l'épée de la gauche. Petite pièce.

59. L'Archange St. Michel, ayant terrassé le Démon, l'enchaîne. Très-petite pièce.

60. L'Enfant Jésus dans la crèche, adoré par la Vierge et par St. Joseph. Petite pièce.

61. La Vierge assise, avec l'Enfant Jésus sur ses genoux, couronnée par un Ange 1526. In 12.

62. Le Massacre des Innocens; pièce copiée d'après l'estampe de Marc-Antoine. In fol. en t. Très-rare.

63. Descente de la croix; pièce entourée de plusieurs autres petits sujets historiques. In 4.

64. St. Jean assis dans une campagne, endormi contre un mur, tenant la tête de son agneau. 1526. Pet. pièce.

65. St. George à cheval, portant un drapeau et foulant aux pieds le dragon. Petite pièce.

66. Mercure marchant dans une campagne. Petite pièce en rond.

67. Un Homme couché auprès d'un piédestal, sur lequel une Nymphe range des pots de fleurs. Petite pièce en rond.

68. Une Femme qui s'avance avec surprise vers un homme assis à terre auprès d'un piédestal sur lequel est un enfant au milieu de plusieurs vases. Piè-

ce en rond, gravée d'après un dessin de Raphael, sous la direction de Marc-Antoine.

69. Une Femme qui bat et qui chasse le Diable avec sa quenouille. 1528. Petite pièce.
70. Un Homme âgé, assis dans une campagne et embrassant une jeune fille 1525. In 12.
71. Un Soldat debout à coté d'une jeune fille qui porte quelque chose à manger dans sa bouche. In 12.
72. Un Paysan qui porte au marché un panier d'œufs. In 12.
73. Paysan et Paysanne qui dansent; il a la main droite levée, et elle tient de la main gauche une bourse attachée à sa ceinture. In 12.
74. Un Enfant qui mene un Aveugle. In 12.
75. Petite Vignette, avec quatre Amours, dont deux sont montés sur des Dauphins qui se terminent en ornemens.
76. Un Vase d'ornement, au pied duquel sont deux têtes de lycornes. Petite pièce.

Voyez pour le reste de l'œuvre de Binck le Dictionnaire des Artistes de Heinecke, Tome II. page 708. et suivantes. La Collection de Mariette renfermoit plus de 200. piecès de ce maître, qui ont été vendues ensemble 59. l. 19. s.

HANS ou JEAN BROSAMER, dessinateur et graveur en cuivre et en bois, né à Fulde, Cercle du haut Rhin, vers 1506. mort vers 1560. On ignore sous quel maître il apprit les principes de son art; on voit seulement que

H. Brosamer.

sa maniere a quelque ressemblance avec celle d'Aldegrever. D'après le genre de la plûpart de ses productions, il est rangé dans la classe des petits maîtres. Du reste ses gravures, qui ne sont pas fort nombreuses, sont très-recherchées des connoisseurs.

Il mettoit quelquefois sur ses estampes son nom seul, d'autres fois avec son chiffre; le plus souvent il les marquoit des lettres **HB**, et H.B. tantôt entrelacées tantôt séparées. Ce qui jette de la confusion sur bien des articles, attendu que le même chiffre a été employé par d'autres vieux maîtres, comme nous l'avons déja observé.

1. Le Portrait de Martin Luther. In 8.
2. Le Portrait de Jean II. Abbé de Fulde. 1541. In 4.
3. Samson et Dalila. *Johannes Brosamer Fulde degens faciebat.* 15 H. B. 45. In 8. en t.
4. Bethsabée au bain apperçue par David. H. B. De même.
5. Salomon idolâtre pour complaire à ses femmes. H. B. 1543. De même.
6. Xantippe montée sur Socrate, le fait marcher à quatre pates. De même.
7. Laocoon avec ses enfans. 1538. De même.
8. Marcus Curtius à cheval. 1540. in 8. en rond.
9. Le Jugement de Pâris, où se voit un Mercure barbu et les trois Déesses nues. De même.
10 Un Christ en Croix; en haut des chœurs d'anges

avec des versets, et au bas la Vierge et St. Jean. *Job. Brosamer Fuldae degens faciebat.* 1542. In fol.

Pièce capitale.

11. Theophrastus Paracelsus, assis dans son cabinet. H. B. 1540. Taille de bois. In 4.

12. Ecurie avec un cheval, et au bas un homme vu en racourci et endormi; en haut une femme tient un flambeau et semble se moquer du dormeur. Piéce en bois. Gr. in fol.

Très-rare.

13. La grande procession des héros Chrétiens et Païens à cheval, en 7. feuilles à coller ensemble grande pièce en bois.

Très-rare et attribuée souvent à Burgmair.

14. *Biblia veteris Testamenti artificiosis picturis effigiata.* Francfort en 1552. Moyennes pièces en travers, copiées en tailles de bois par Hans Brosamer, d'apres l'ouvrage de Hans Holbein, réimprimé à Leyde en 1547.

AUGUSTIN HIRSCHFOGEL, peintre en émail et graveur à l'eauforte, naquit à Nuremberg vers 1506. et mourut dans la même ville en 1560. Fils de Veit ou de Vite Hirschfogel, habile peintre sur verre à Nuremberg, il apprit de son pere les élémens de son art. Il acquit de bonne heure la réputation d'un artiste distingué. Ses paysages, touchés d'une pointe légère, ont quelque chose de piquant qui les fait rechercher des connoisseurs. — Son chiffre est composé des lettres H. A. F. surmonté d'une petite croix et ainsi figuré:

1. Un Vase avec des ornemens d'orfèvrerie 1543. P. in 4.
2—5. Quatre Paysages montagneux ornés de châteaux et d'eaux. 1546. P. in 4. en t.
6. Paysage avec la vue d'un canal traversé par un pont de pierres qui communique à un château. 1525. In fol. en t.
7. Paysage avec la vue d'un château fort sur la crête d'une montagne, au pied de laquelle se voit une grande ferme avec une avant-cour 1546. In fol. en t.
8. Paysage, sur le devant un gros arbre, et sur le plan du milieu, à coté d'un rocher escarpé, un château fort, dans une île jointe à la terre par un pont sur pilotis. 1546. In fol. en t.
9. Paysage, avec la vue d'un village situé au bord d'une rivière, traversée par un pont sur pilotis. 1546. In fol. en t.
10. Une épée dont la poignée est terminée en têtes d'aigles, et dont le fourreau est avec des ornemens d'orfèvrerie. Pièce de 14. p. de haut, sur 1. p. de large.

I. HENRI LAUTENSACK, Orfèvre, peintre et graveur en cuivre, né à Nuremberg vers 1506. et, selon Doppelmayr, mort dans la même ville en 1590. Fils d'un peintre de Nuremberg, il apprit les principes du dessin dans la maison paternelle. En 1567. il publia à Francfort sur le Mein, en un volume petit in fol. un Traité géométrique de la

Perspective et de la Proportion de l'homme et du cheval. Quant à ses ouvrages de gravure, ils décèlent plus l'orfèvre que le graveur. Il marquoit ses estampes des lettres H. L. ou du chiffre **HL**.

1. Le Martire de Sainte Catherine. P. in 4.
2. Le Christ expiré sur la croix entre les deux larrons, au bas la Vierge et St. Jean, avec l'inscription: *Christum non istum. Sed Christum crede per istum.* H. L. In fol.

II. HANS SEBALD LAUTENSACK, de la même famille que le précédent, graveur au burin et à la pointe né à Nuremberg vers 1508. Il a gravé, à l'eau forte un grand nombre de paysages qui ne sont pas sans mérite, quoique les figures y soient d'une proportion un peu courte; mais les connoisseurs estiment sans restriction ses portraits, d'un beau brut pittoresque et d'un grand effet. D'ailleurs les circonstances de sa vie sont assez ignorées. Son chiffre ordinaire avec l'année est composé des lettres **HSL**, sur une tablette.

A. *Paysages.*

1. Le petit David combattant le grand Goliath, en présence des Philistins et des Hébreux. 1551. P. in fol.
2. L'Aveugle de Jericho guérie par Jésus. 1559. P. in fol. en t.

H. S. LAUTENSACK.

3. La Cananéenne délivrée du Démon par Jésus. 1559. P. in fol. en t.

4. L'Histoire du Prophéte Balaam et de son âne. Paysage montagneux. 1559. In fol. en t.

5. Des Villageois occupés aux divers travaux de la vigne. 1559. In fol

Riche paysage.

6. Paysage orné d'une grande Métairie. 1551. In 4. en hauteur.

7. 8. Deux jolis Paysages; l'un ayant sur le devant des maisons rustiques, une rivière, et dans le lointain une grande ville; l'autre sur le devant deux sapins, sur le second plan une eglise, et à gauche une ville au pied d'une montagne. 1553 — 1555. In 4 en tr.

9. Grand Tournois sous le titre: *Equestris pedestrisque pugnae icon*. 1560. Gr. in fol. en t.

10. Grandes joutes sous le titre: *Secundum Circensium Ludorum, equestre certamen continens* 1560. G. in fol. en t.

Pièces très-rares.

11. Vue de la Ville impériale de Nuremberg, du côté du couchant, 1552. Grande pièce et trois planches.

12. Vue de la Ville impériale de Nuremberg, du côté du levant. 1555. De même.

B. *Portraits.*

13. Paulus Lautensack le vieux, peintre de Nuremberg. H. S. Lautensack sc. In fol.

14. Hans Sebald Lautensack. Se ipse sc. 1552. Petit in fol.

15. Hieronymus Schurstab, à mi-corps; d'un côté ses armes, de l'autre la vue d'un village avec une égli-

se, et huit vers latins. *Anno Christi.* M. D. LIIII. In fol. en t.

16. *Georgius Reggenbach, ab et in Oedenreuth, Consiliarius.* 1554. G. in fol.

17. Portrait d'un Seigneur à mi-corps richement vêtu, portant barbe et moustaches. D'un côté ses armes, de l'autre la vue d'un château fort, sur la cime d'une montagne. *Anno Aetatis suae* XXXVIII. 1554. G. in fol.

18. Portrait d'un Seigneur âgé: à mi-corps, ajusté à peu près de même, avec la vue de quelques fabriques. *Anno aetatis suae* LXXVII. *Obdormit in Christo. Anno* M. D. L. 1553. G. in fol.

VIRGILE SOLIS, peintre, et graveur en cuivre et en bois, né à Nuremberg en 1514, et mort dans la même ville vers 1570. La plupart de ses estampes sont de sa composition: on trouve de la correction et de la délicatesse dans sa manière qui a quelque ressemblance avec celle de S. Beham. Par la forme de ses estampes, il se trouve encore rangé dans la classe des petits Maîtres. Cet artiste a été très-laborieux: outre le grand nombre de pièces de son invention, il a travaillé d'après Raphael, Lucas de Leyde, H. Aldegrever: de sorte que son œuvre est composé de plus de 800. pièces, tant en cuivre qu'en bois: Son chiffre est composé des lettres V. S. entrelacées et figuré ainsi VS.

V. Solis.

1—3. Trois sujets mythologiques sur le pouvoir de l'Amour, chacun avec deux vers latins. h. 2. p. 2. l. — l. 3. p. 4. l.

4—6. Trois sujets de la vie commune: 1) Un homme avec sa maitresse, assis à table sous une treille le verre à la main, tandis que trois autres personnes font un concert. 2.) Querelle entre des buveurs. 3.) Partie de débauche d'une troupe d'ivrognes. h. 1. p. 10. l. — l. 3. p. 2. l.

7—10. Quatre morceaux d'Architecture ancienne, en partie dégradée. h. 5. p. 6. l. — l. 2. p. 10. l.

11—16. Six petites Têtes, trois d'Empereurs et trois d'Impératrices de Rome. 1540. h. 1. p. 10. — l. 2. p. 10. l.

17. 18. Deux petites Frises, l'une avec quantité de perroquets, l'autre avec un dessin de broderie. h. 1. p. 2. l. — l. 5. p. 6. l.

19. Modes de Femmes de différens pays. *Manier oder Tracht*. Frise de huit bustes avec des inscriptions. h. 1. p. 2. l. — l. 5. p. 6. l.

20. Suite de 98. Médaillons d'hommes et de femmes illustres de l'histoire ancienne et moderne, exécutés sur deux Frises ornées. 1541. h. 1. p. 3. l. — l. 6. p. 2. l.

21. Suite de Portraits des Rois de France depuis Pharamond jusqu'à Henri III publiée par Virgile Solis, avec une description latine, à Nuremberg 1566. In 4.

Une partie de ces portraits est gravée à l'eau forte par Jost Amman, l'autre au burin par Virgile Solis.

22. Les Métamorphoses d'Ovide, en 170. pièces en taille de bois.

Ces petites gravures, parmi lesquelles il s'en trouve de très-belles, ont été imprimées chez le fameux Libraire Sigmund Feyerabend à Francfort sur le Mein. 1563. in 8.

Les Freres HOPFER, DAVID, ou DANIEL, JEROME et LAMBERT, graveurs à l'eau forte, et, suivant toutes les apparences, orfèvres de profession, nés vers 1510—1512. et à Nuremberg florissoient depuis 1531. jusqu'en 1550. L'Abbé de Marolles, qui avoit formé leur oeuvre en 225. pièces, leur avoit donné le nom de Maîtres au Chandelier, ayant pris pour un chandelier la tige de houblon qu'ils mettoient entre les lettres initiales de leurs noms. Cette tige est un chiffre parlant, attendu que Hopfer signifie houblon. David Funck, marchand d'Estampes de Nuremberg, imprima vers le commencement du dernier siècle toutes les planches de ces artistes, consistant en 230. pièces numérotées sous le titre: *Opera Hopferiana*. Les amateurs recherchent aujourd'hui les épreuves avant les numéros. Au reste ces pièces ne paroissent pas exécutées sur des planches de cuivre, mais sur des plaques de fer-blanc.

David, ou Daniel, (car on ignore lequel des deux noms a été son véritable) paroît avoir été le plus laborieux des trois freres; du reste ce que nous dirons du premier, peut s'appliquer aussi au deux derniers. Le goût de son dessin est très-gothique. Ses figures en général sont passablement bien composées; mais les parties nues sont de la dernière incorrection. La liberté avec laquelle il manioit la pointe, et la manière expéditive avec laquelle il opéroit, font son grand mérite. En quoi il excelloit, c'est dans les décorations, et les ornemens de toutes espèces.

La plupart de leurs planches sont signées des lettres initiales de leurs noms. D. H. I. H. L. H.

A. *David ou Daniel Hopfer.*

1. Nero Claudius, Cæsar August. en médaillon. G. in 4.
2. Serv. Galba Imp. Cæs. August. en médaillon G. in 4.
3. Carolus Rex Catholicus, en Médaillon. G. in 4.
4. Martin Luther. *Des Lutters Geſtalt mag wol verderben, sein chriſtlich gemüet wird nymmer ſterben.* M.D.XXIII. G. in 4.
5. Hieronymo, Babst Pius des dritten Bruder-Sohne, von Senis. G. in 4.
    Très-rare.
6. Claus Sturzenbecher. Pièce in fol.
    Très-rare.
7. David coupant la tête à Goliath. In 4.
8. David jouant de la harpe devant Saul. Avec la marque de Hopfer, le chiffre C. B. et la date de 1531. In fol. en t.

9. La Femme adultère. In fol.
10. Le Jugement dernier. In Fol.
11. Présentation de la Vierge au temple. In fol.
12. Autel avec la date de l'année M. D. XXVII. In fol.
13. Grand autel avec plusieurs figures. Au bas J. Chr. la Vierge, et St. Jean Baptiste. Gr. in fol.
14. Cinq Soldats Suisses, dont un Fifre, un Tambour et un Porte-enseigne. In 4.
15. Vieille tenant une cruche et portant un bâton chargé de boudins; autour d'elle sept figures grotesques qui dansent aux sons du hautbois avec des grelots aux pieds. In fol. en t.
16. Le Monopoleur des grains exécré par le peuple. *Die Sprich Salomo. Das XI. Capitel.* In fol. en tr.
17. Le X. Chapitre des Proverbes de Salomon, avec plusieurs inscriptions 1534. In fol. en tr.
18. Les trois bons Juifs à cheval: Josué, le Roi David, Judas Machabée. In 4.
19. Les trois bons Chrétiens à cheval: L'Empereur Charlesmagne, le Roi Artus, le Duc Gotfroi de Bouillon. In 4.

Deux pièces d'après Hans Burgkmair.

20. Grande Fête de village. In fol. Pièce carrée.
21. Deux morceaux d'Arabesques sur une feuille ornée de grotesques. In fol.
22. Trois Fontaines ornées de figures en 12. compartimens de grotesques. In fol.
23. Ornemens militaires avec des figures grotesques. In 4.
24. Un Soldat la tête nûe, tenant à brasse corps une jeune femme. In 4.
25. Deux femmes qui se regardent dans un miroir, derrière elles la Mort et le Diable. In 4.

26. Deux

LES HOPFERS.

26. Deux figures très-grotesques. *Bolikana. Markolfus.* In fol.

B. JEROME HOPFER, frere du précédent, grava à la pointe en grande partie dans le goût de David, d'un dessin portant moins gothique. Il a copié plusieurs morceaux de Durer, où il semble avoir tendu plus à l'effet qu'à la correction. Les pièces de sa composition ne sont pas sans mérite. Il marquoit ses Estampes des lettres initiales de son nom I. H. surmontées de la tige de houblon.

1. Franciscus von Sickingen. *Allein Got di Er. Lieb den gemeine Nutz. Beschirm di Gerechtikeit.* In 8.
    D'une belle exécution et rare.
2. Her Wolfgang Juriger zu Toledt, Ritter. De même.
3. Julius Secundus, Pontifex maximus, en buste. In 12.
4. Innocentius Octav. Pontifex maximus, en buste. De même.
5. Les Empereurs Charles-quint et Ferdinand I. en buste ; sur une même planche. In fol. en t.
6. Carolus von Gots Gnad Remisch King, erwelter Kaiser &c. M. D. XXI. In fol.
7. Leopoldus Dickius Jurisconsultus &c. In 4.
    Belle eau-forte.
8. Erasmus Roterdamus. De même.
9. Samson déchirant un lion. In 8.
10. La Vierge donnant le sein à l'enfant Jésus. In 8.

11. Sainte Afra enchaînée à une colonne, debout sur un brasier. In 8.
12. St. Christophe portant l'enfant Jésus sur ses épaules. In 8.
13. St. Hubert, d'après Durer. In fol.
14. Deux Faunes, buvant à même de leurs outres. In 8.
15. Hercule étouffant Anthée. *Divo Herculi invicto.* In 8.

D'après Mantegna.

16. Roma. Pallas assise tenant de la main droite la figure de la victoire. In fol.
17. Les Anglois et les François en présence avant la bataille d'Azincourt. In fol. en tr.

Pièce rare.

18. Bataille des Romains, sur le devant et dans le fond la marche d'une armée, d'après Jules Romain. In fol. en t.

Rare.

19. Le grand Canon d'après Alb. Durer. In fol. ent.
20—22. Trois Vases de différentes grandeurs. In fol.
23. Grand Autel, composition pyramidale de sujets du nouveau Testament. *Philippus Adler, Patricus.* fec. 1518. Grande pièce en deux feuilles.

D'après ce morceau on pourroit présumer que Philippe Adler a été le maître des freres Hopfer.

C. LAMBERT HOPFER, frere de David et de Jerôme, auxquels il étoit inférieur en tous points. Il copia à l'eau forte plusieurs tailles de bois d'Albert Durer. Le plus communémcnt il marquoit ses estampes des lettres initiales de son nom, L. H. et quelquefois avec la tige de houblon.

1. La Chute de nos premiers Parens. In 8.
2. La Passion, d'après Albert Durer. Suite de 15. pièces. In 8.
3. Le Sauveur au jardin des Olives, dans une bordure d'arabesques. In 8.
4. Un Triton, sur un capricorne marin, dans une bordure d'arabesques.
5. Trois Morceaux en rond imprimés sur une feuille. 1) Un homme caressant une femme. 2) Pâris mourant sur le mont Jda. 3) St. Jérôme en prieres. In 4. en t.
6. 7. Deux morceaux d'Arabesques en feuillages, ornés de têtes et de figures fantastiques. h. 11. p. 8. l. — l. 3. p. 7. L.
8. Quatre beaux Candelabres, au-dessous une bande d'arabesques. In fol.

Cette Pièce est ce qu'on connoît de meilleur de Lambert.

Voyez pour le reste des gravures des Hopfers le Catalogue raisonné du Cabinet d'Estampes de Brandes.

MELCHIOR LORCH, ou LORICH, peintre, et graveur en cuivre et en bois, naquit à Flensbourg dans le Duché de Sleswic en 1527. et mourut à Rome vers 1586. Au talent d'artiste il joignoit celui de savant: Lorich passe pour avoir été un habile Antiquaire. Il fit un voyage à Constantinople, où il grava au burin le portrait du Grandseigneur et celui de la Sultane favorite, deux pièces très-rares et très-singulieres. Dans la suite il donna aussi un recueil curieux d'habillemens turcs gravés en bois, formant un Vol. in Fol. 1576. Ses ouvrages de peinture ne nous sont pas connus; mais ses productions de gravures nous prouvent qu'il étoit un homme de génie. Il dessinoit avec esprit, et rendoit le nud de la figure humaine avec un certain degré de correction. — Il marquoit quelquefois ses estampes de son nom; mais le plus souvent il les désignoit par les lettres M. L. et la date, ou avec son chiffre surmonté d'un F.

1. Le Portrait du Docteur Martin Luther. *Faciebat Flensburg.* 1548. In fol.
2. Le Portrait d'Albert Durer, avec quatre vers latins 1550. P. in 4.

    Pièce très-rare en camaïeu.
3. Aristoteles Stagirites Philosophus; avec son chiffre 1561. P. in 4.
4. St. Jérôme en prieres dans un désert 1546. In 8.
5. Tête de femme. 1551. In 8.

    Jolie pièce.
6. La Sibylle Tiburtine. 1571. In Fol.

    Belle pièce en bois.

7. Femme debout se pressant les mammelles, entourée d'une quantité d'animaux. Avec l'inscription : *Ops Saturni Conjux Moterque Deorum* 1555. in Fol.

Belle pièce, gravée en bois.

8. Le Déluge, en deux feuilles collées ensemble. Gr. in fol.

Belle pièce gravée en bois.

THEODORE DE BRY, ou BRIE, le pere, dessinateur, graveur au burin et à la pointe, imprimeur et libraire, né à Liège en 1528. et mort à Francfort sur le Mein en 1598. Cet arstiste, un des plus laborieux de son tems, s'étoit établi, vers 1570. à Francfort, où il entreprit, comme graveur et comme libraire, nombre de grands ouvrages qu'il publia successivement, et dans lesquels il s'étoit fait aider de ses fils, surtout de Jean-Théodore. De Bry est encore rangé dans la classe des petits maîtres, quoique la plupart de ses pièces soient d'une raisonable grandeur. Son dessin a de la corréction, et son outil, malgré un peu de sécheresse, a beaucoup de netteté et de finesse. Quelques unes de ses gravures sont marquées *Toreumas Briancens*, qui est l'anagramme de son nom; mais pour l'ordinaire il les signoit par les lettres initiales. T. de B. F. d'autres par un chiffre T. B.

1. St. Jean assis dans le désert. De Bry inv. Moyenne pièce gravée à l'eau forte.

Très-rare.

2. Danse de Cavaliers et de Dames. *Hic pudor &c* de *Bry fec.* Petite frise.

3. Danse de Paysans et de Paysannes. *Quantù aula. De Bry fec.* Frise plus large.

4. Dessin d'une soucoupe, au milleu l'Orgueil la Folie, tête à double sens, avec des attributs, entourées de sujets grotesques. **T. d. B. f.** Pièce in 4. en rond.

5. Autre dessin d'une soucoupe, au milieu *De Hoopman van Narheit* (le Capitaine de Folie) tête à double sens, représentant le médaillon du Duc d'Albe et à rebours le masque de la Folie, entourée de sujets très grotesques. Pièce p. in 4. en rond.

6. Autre dessin d'une soucoupe, au milieu *D Hoopman van Weisheit* (le Capitaine prudent) tête ressemblant à celle de Guillaume de Nassau, entourée de grotesques d'un genre plus noble. Pièce p. in 4. en rond.

Ces trois pièces sont rares et d'une grande Finesse d'éxécution.

7. Scanderbegus. En médaillon, avec des inscriptions latines, et entouré d'une bordure de fleurs, d'oiseaux et d'insectes. Sans marque. In 4.

8. Donice, Scanderbegi Uxor. De même, et faisant pendant.

9—17. Les neuf Muses, 9. pièces. P. in fol.

18. La Procession des Chevaliers de l'Ordre de la Jaretiere sous la Reine Elisabeth en 1556. avec leurs Portraits gravés en 12. planches qui forment une très-grande frise.

Pièce gravée aussi par Hollar.

19. Procession for the funeral of Sir Phil. Sid

ney. Thom. Laut. iny. en 34. planches, Graven in copper by Diruk or Theodor de Brie, in the City of London 1578.

20. *Icones quinquaginta virorum illustrium Franc.* 1569. In 4.

La plus grande partie des ces Portraits fut gravée par de Bry, le pere. Ce livre fut employé ensuite pour le Tom. I. du Recueil de Portraits connu sous le titre: *Bibliotheca Calcographica*, Recueil qui devint un corps de IX. vol. in 4. dont les Portraits sont gravés par les deux fils de de Bry, par Rob. Boissard &c.

21. *Theatrum vitae humanae a J. J. Boisardo conscriptum, & a Theodoro Bryio artificiosissimis figuris historicis illustratum.* Ouvrage, contenant 61. pièces.

22. *Narratio Regionum Indicarum par Hispanos quondam devastatum vtrissima. Francof.* 1590—1598. Ouvrage orné de 123. planches.

Cet ouvrage, commencé par Théodore, fut continué par ses fils et publié en XII. parties à Francfort et à Oppenheim, sous le titre: *Descriptio generalis — totius Indiae orientalis* 1598—1628. — Livre très-rare, dont B. Picart s'est servi pour ses Cérémonies religieuses.

JEAN THEODORE DE BRY, le fils, dessinateur et graveur en cuivre, naquit à Liège en 1561. et mourut à Francfort sur le Mein en 1623. Les estampes qu'il a gravées au burin sont supérieures à celles de son père par un meilleur gout de dessin et une plus grande précision dans la manœuvre. Les morceaux que nous avons de lui d'après des estampes connues, sont aussi recherchés par les amateurs que les originaux, morceaux qu'on trouvera spécifiés ci-après. Jean-Theodore a beaucoup aidé son père dans ses grandes entreprises littéraires. Jean-Israel a eu part aux mêmes entreprises, mais avec moins de succès.

1. Portrait de Gerard Mercator, Géographe. In 4.
2. Portrait de Daniel Specklin. P. in 4.
3—6 Les quatre Elémens, 4. pièces, où le Feu est représenté par l'enfer, l'Air par l'assemblée des Dieux, l'Eau par le déluge, et la Terre par Bacchus et Cérès. J. T. de Bry inv. et f. In 4.
7. Le retour, ou les Noces de Rebecca, d'après Balthasar Peruzzi. Frise.
8. Marche de Soldats habillés à la maniere ancienne, un Porte-Enseigne au milieu. Petite frise. Jean Theodore f. sans le nom du peintre qui est le Titien.
9. Marche de Soldats conduisant des Prisonniers; à droite la Mort à cheval; pièce nommée le Triomphe de la Mort, sans le nom du peintre qui est le Titien. Frise.
10. Fête de Village, avec quatre vers et une dédicace en latin, frise d'après S. Beham. h. 3. p. 10. l. — l. 10. p. 4. l.

J. Kelertaler.

11. La Fontaine de Jouvence, Frise, de même grandeur, d'après S. Beham.
12. Triomphe de Bacchus (Bacchanale) avec 6. vers latins d'après Jules Romain. Frise. h. 4. p. 4. l. — l. 10. p. 3. l.
13. Les Noces d'Antenor, ou les Fêtes Vénitiennes, de Théod. Bernard, d'après l'estampe de H. Golzius. In 4. en rond.
14. L'Age d'or d'Abraham Bloemhart, d'après l'estampe de Nicolas de Bruyn. In 4. en rond.
15. Proscenium vitae humanae, sive Emblematum secularium Decades septem &c. *Zu einem Stamm - und Wappen - Büchlein* — — Ouvrage mis en lumière et gravé par Jean - Théodore de Bry, à Francfort 1627. in 4. — Avec le titre et une petite figure mise à la tête, *Typus verae amicitiae*. 74. planches, chacune accompagnée d'une explication.

Le père avoit déjà publié cet ouvrage en 1592. sous le titre: Stamm - und Wapen- Büchlein avec 21. Emblêmes; le fils l'ayant réimprimé, l'a considérablement augmenté.

Du reste ce Recueil renferme plusieurs pièces gravées d'après Breughel le drole, Aug. Carrache, M. de Vos et autres.

Feu M. Mariette possédoit de ces maîtres plus de 600. pièces. — Voyez les articles des de Bry dans le Dictionnaire des Artistes de Heinecke.

Jean Kelertaler, Graveur au burin, naquit à Dresde vers 1530. et travailla dans la même ville, vers la fin du seizième siècle. Les circonstances de la vie de cet artiste nous sont inconnues : nous savons seulement qu'il a gravé les morceaux suivans d'après le fameux Sculpteur et Architecte de l'Electeur de Saxe, Jean-Marie Nosseni, qui vint à Dresde vers 1575.

1. Nembrod faisant bâtir la Tour de Babel. J. M. Nosseni Arch. inv. Bohan Kelerthaler sculpsit In 4.
2. La Destruction de l'Empire de Babilone. Id. In 4.
3. L'Empire Romain, dans le lointain la Mort de César. Id. Id. in 4.
4. L'Empire de l'Eglise, où le Pape reçoit l'hommage de Charlemagne. Id. Id. in 4.

1. TOBIE STIMMER, peintre et graveur en bois, né à Strasbourg vers la fin du seizième siècle. Stimmer apprit les principes du dessin dans sa patrie. Contraint de lutter contre la fortune, il passa ses meilleurs années à peindre à fresque des façades de maisons dans son pays, à Francfort sur le Mein et à Strasbourg, en les décorant de sujets sacrés et profanes. Le Margrave de Bade, ayant vu quelques uns de ces ouvrages, en fut si enchanté qu'il appella Stimmer à sa cour pour lui faire peindre à l'huile et de grandeur naturelle les Margraves ses ancêtres. Et ces Portraits attestent aujourd'hui la grandeur du gé-

nie de Tobie. De retour à Strasbourg, il se mit à dessiner divers sujets sur des planches de bois, préparées pour être taillées par son frere, qui fera le sujet de l'article suivant.

Sa marque est un T. et un S. interlacés

1. L'Annonciation. Sans marque, morceau qu'on croit de Tobie. In fol.
2. La Bible, sous le titré: *Novae Tobiae Stimmeri sacrorum Bibliorum figurae, versibus Latinis et Germanicis expositae.* A Bâle, chez Thomas Garin en 1536.

Cette Bible est le principal ouvrage des freres Stimmer, et elle a servi d'étude aux plus grands peintres. Rubens, qui l'avoit étudiée, en commençant à dessiner, disoit que c'étoit une excellente école pour la jeunesse et un trésor pour l'art.

II. Jean-Christophe Stimmer, peintre et graveur en bois, naquit à Schafhoussen 1552. et mourut à Paris au commencement du dernier siècle. Frere puîné et disciple de Tobie, il alla joindre son aîné à Strasbourg, où il grava une grande partie de ses inventions. Excellent artiste dans son genre, ses planches sont rendues avec des tailles larges et toutefois moëlleuses, procédés qui lui ont mérité l'approbation des connoisseurs. Après la mort de son frere, il se rendit à Paris où il fut connu sous le nom du Suisse. Il y laissa un fils qui, vers 1661. grava en bois plusieurs pièces d'après les dessins de François Chauvau. Stimmer se servoit du chiffre suivant.

Voici les principaux ouvrages en grande partie du dessin de Tobie et de la gravure de Christophe.

1. Le nouveau Testament, avec l'Apocalypse, imprimé à Strasbourg. 1588. In 4.
2. Recueil de plusieurs Savans et Théologiens de nation allemande, ouvrage imprimé chez Bernard Jobio à Strasbourg. 1587. In 4.
3. Emblêmes, sous le titre: *Icones Affabrae.* Chez B. Jobio à Strasbourg 1591. In 4.
4. *Contrafaicte Bildnus des Herrn Lasarus von Schwendi, Freyherrn zu Hohen Landsperg, Röm. Kays. Majstaed Rath und Feldobersten.* Portrait historié vu jusqu'aux genoux, gravé en bois par Jean-Christophe Stimmer. Gr. in fol.

Pièce capitale.

Jost ou Jobst Amman, ou Ammon, peintre, déssinateur, graveur en cuivre et en bois, naquit à Zurich en 1539. et mourut a Nuremberg en 1591. Cet artiste ne trouvant point d'encouragement dans sa patrie, se rendit à Nuremberg en 1560, ville où les arts étoient pourlors dans un état florissant. En 1577. il renonça au droit de bourgeoisie à Zurich, résolu de passer le reste de ses jours à Nuremberg. Génie fécond il aimoit passionnément son art; le nombre de ses dessins est prodigieux, et les pièces gravées qui portent son nom se montent à plus de 550. Papillon le range parmi les graveurs en bois, et comme il a ignoré son changement de domicile, il en fait deux artistes, au moyen d'un petit changement dans le nom de famille. Il trouve que Jost Amman de Zurich est bien inférieur à Jost Ammon de Nuremberg. — „Il y a même quelque chose de plus à consi„dérer, ajoute-t-il, c'est que toutes ces figu„res de Jost Ammon de Nuremberg sont „bien mieux dessinées que celles de Jost Am„man de Zurich. La différence en les com„parant ensemble est singulièrement notable: „ce dernier tient du goût allemand, le goût „de l'autre approche de celui des grands maî„tres d'Italie. Personne avant moi n'y a pris „garde, et pourtant il est aisé de voir, que „tous ces dessins ne sont pas de la même main: „Telle est l'erreur des auteurs copi„stes!„ — On voit que Papillon s'applaudit avec complaisance de sa découverte, ce qu'il fait en cent endroits de son livre avec tout autant de fondement. Non content de faire deux artistes d'un seul, il lui est arrivé que d'un seul il en a fait quatre, comme à l'égard de Martin Schoen. Du reste cette méprise peut arriver facilement par les différentes manières que les artistes emploient pour désigner leurs noms. Je parle par expérience; en garde contre les bévues d'un Papillon, il m'est arrivé une couple de fois dans mes Notices générales que de deux artistes je n'en ai fait quatre, comme à l'egard de Martin Schoen. Du reste cette méprise peut arriver facilement par les différentes manières que les artistes emploient pour désigner leurs noms; je parle par expérience, en garde contre les bévues d'un Papillon, il m'est arrivé une couple de fois dans mes Notices générales que de deux artistes je n'en ai fait qu'un. — Dans le tems d'Amman, et longtems avant lui, on étoit dans l'usage d'orner de figures presque tous les livres qui paroissoient. Aussi fut-il toujours occupé par les libraires de son tems, surtout par le fameux Imprimeur Siegmund Feyerabendt de Francfort. — Il s'est servi de différens chiffres toujours composés d'un I. A.

A. *Pièces gravées en cuivre.*

1—12. Suite de Femmes illustres, commençant par Eve, sous le titre: *Eva die Gebererinn*, 12. pièces cein-

Jost Ammann.

trées. h. 3. p. 2. l. — l. 2. p. 1. l. Jobst Amman fec. Stefan Herman exc.

13—20. Suite de Figures de Guerriers, 8. pièces marquées: Jost Amman Inventor. Stefan Herman Onoltzbachensis 1590. h. 2. p. 2. l. — l. 4. p. 9. l.

21—28. Suite de gens qui se battent à coups d'épées et de bâtons, 8. pièces, marquées de son chiffre. h. 2. p. 3. l. — l. 3. p. 2. l.

29—34. Suite de Chasses, 6. petites frises. h. 1. p. 8. l. — l. 5. p. 9. l.

35—42. Les quatre Saisons et les quatre Elémens, 8. pièces 1569. h. 2. p. 8. l. — l. 3. p. 2. l.

43—54. Les douze Mois de l'Année, représentés par des figures en pied et ceintrées. Jo. Amman fec. 12. pièces. h. 3. p. 4. l. — l. 2. p. 3. l.

55. *Justi Ammiani Tigurini, Pictoris absolutissimi, Biblicae figurae addita brevi explicatione germanicis rythmis ab Henrico. Petro Rebenstock facta. Francof.* 1571.

Ce sont plusieurs sujets de piété d'après les dessins de Wenceslas Jamitzer, gravés à l'eau forte J. Amman.

56. Le Bombardement d'une ville. Jost Amman fec. 1570. Pièce in fol. en t.

57. Effigies Casparis de Colignon D. Castilione, portrait historié. *Fecit Norimbergae Jost Ammon, Tigurinus.* 1573. In. fol.

B. Pièces gravées en bois.

58. La Création du Monde, pièce marquée I. A. In fol.

59. La Diète de l'Empire, pièce en ovale, marquée I. A. In fol. en t.

60. Les Noces de Cana, pièce marquée I. A. In 4 en trav.

61. *De omnibus illiberalibus sive mecanicis artibus. Autor Hartmanno Schoppero, verso elegiaco conscriptus Francof. ad Moenum, 1574.* In 8.

Cet ouvrage des arts et métiers, consistant en 115 figures, a été souvent imprimé, sous différens titres. Amman s'est représenté lui-même sous la figure du Graveur.

62. *Icones Livianae Praecipuas Romanorum Historias, magno artificio ad vivum expressas — — succinctis versibus illustratae per Philippum Lonicerum. Francof. ad Moenum 1572—1573.* In 4. oblong.

Les planches de ce livre, consistant en 103 sujets historiques, commencent par le portrait de S. Feyerabendt. Elles ont servi ensuite avec quelques augmentations à la traduction allemande de Tite-Live.

63. Livre de Chasses, sous le titre: *Neue Figuren allerhand Jagd und Waydwerken. Frankfurt 1582.* In 4.

Cet ouvrage a été souvent imprimé et considérablement augmenté après la mort de Jost Amman. La dernière édition de Francfort date de 1617.

64. Les livres de Pline l'ancien, sous le titre: *Caji Plinii Secundi des weldberühmten alten Philosophen Naturkündigers Bücher und Schriften, mit schönen neuen Figures geziert. Frankf. 1584.* In fol.

65. *Cleri totius Romanae Ecclesiae subjecti, seu Pontificiorum*

rum ordinum omnium utriusque sexus habitus, artificiosissimis figuris quibus Francisci Modii singula octosticha adjecti sunt nunc primum Jodoco Amanno expres̄. Francof. Sumpt. Sigismundi Feyrabendii 1564. 103.

66. *Gynaeceum, sive Theatrum Mulierum, in quorum praecipuarum omnium per Europam imprimis gentium — — habitus videri est. Artificiosissimis nunc primum figuris expressos, a Jodoco Amanno, additis ad singulas figuras singulis octostichis.* Kleidung und Trachten der Weiber. *Francof.* 1586. in 4. oblong. 120. planches.

CHRISTOPHE MAURER, peintre, et graveur en cuivre et en bois, né à Zurich en 1558. et mort à Winterthour en 1614. Fils de Josué Maurer, bon peintre sur verre et habile géomètre, il apprit les élémens de l'art dans la maison paternelle. Ce fut pour perfectionner ses talens qu'il se rendit à Strasbourg auprès de Tobie Stimmer. L'application du disciple et l'instruction du maître furent telles, qu'au bout de quelque tems on ne pouvoit plus distinguer leurs productions, lorsqu'ils ne mettoient pas leurs noms. Ils donnerent en société plusieurs beaux ouvrages, entre autres les figures des animaux de chasse sous le titre: *Künstliche, wolgerissene Figuren und Abbildungen etlicher jagdbaren Thiere, und andere zu lustigem Weidwerk gehörige Stücke, von den berühmten Mahlern Tobias Stimmern und Christophe Maurern zu Zürich gerissen; jetzt aber zu mehre-*

O

rer Belustigung mit deutschen Reimen geziert und erklärt. Gedruckt zu Strasburg, bey Johann Caroli. Ao. 1605.

Maurer donna sous son nom les figures de la Bible en tailles de bois sous le titre: *Historische Vorstellungen über die ganze Bibel.* Il montra par cet ouvrage qu'il avoit appris les principes de l'art dans l'école des Stimmers. Le dessin et l'invention y font également honneur à ses talens.

De retour dans sa patrie il ajouta encore à sa reputation par des Portraits d'une ressemblance frappante. A l'exemple de son maître, il peignit à fresque les façades des maisons, qu'il ornoit de préférence de sujets patriotiques, où il traitoit en divers compartimens l'origine de la Confédération helvétique.

Les ouvrages de gravure de Maurer les plus recherchés des vrais connoisseurs, sont ses Figures de la Bible, et un recueil ingénieux de quarante Emblêmes, qu'il grava à l'eau forte, et qui parut après sa mort sous le titre: *Emblemata miscel. nova. Das ist: Unterschiedliche, auserlesene, neu radirte Kunststücke, durch weiland den kunstreichen und weitberühmten Herrn Christoph Maurern von Zürich inventirt und mit eigner Hand zum Druck in Kupfer gerissen. — — Herausgeben durch Joh. Hen-*

C. JAMNITZER.

rich Rordorffen. Gedruckt zu Zürich, bey Joh. Rudolf Wolfen. An. M.DCXXII.

Le Catalogue raisonné du Cabinet d'Estampes de Brandes rapporte encore de Maurer:

Diverses représentations des Procédures judiciaires en matière civile et criminelle, servant d'ornement à un livre latin. 20 feuilles en bois, p. in 4. en t.

Cet artiste marquoit tous ses ouvrages 𝓜.

CHRISTOPHE JAMNITZER, orfèvre, dessinateur et graveur à l'eau forte, né a Nuremberg vers 1560. et mort dans la même ville en 1618. Les circonstances de la vie de cet artiste nous sont peu connues; tout ce qu'on en sait, est qu'il publia en 1600. diverses suites de grotesques, gravées d'une pointe légère et recherchées des connoisseurs. On le croit de la même famille que Wenceslas Jamitzer, ou Jamnitzer, connu par une suite de sujets de piété, gravée par Jost Amman, ainsi qu'il a été dit ci-devant. La marque de Christophe est un C. et un J. ainsi figurée 𝒞𝒥.

1. Christophe Jamnitzer assis dans une machine de perspective, mesurant les corps, gravé par lui-même. Gr. in 4. en t.

2—13. Douze pièces de Jeux d'Enfans. In 12.

14—25. Douze pièces d'Enfans montés sur des monstres marins. In 12.

26—29. Quatre pièces représentant des Enfans avec les aîles de Chauvesouris, in 4. en t. savoir: 1) Trois enfans dont l'un joue avec un cigne, l'autre s'amuse avec des fleurs, et celui du milieu porte un taureau. 2) Trois enfans qui s'apprêtent à jouer au balon. 3. Trois enfans armés, dont l'un est étendu mort par terre, et les deux autres prennent la fuite. 4) Trois enfans, dont celui du milieu, debout sur un globe ailé, sonne de deux trompettes, celui qui est à droite étudie, et celui qui est à gauche fait des bulles de savon.

30. Danse de quatre enfans autour d'un arbre. In 4. en t.

31—36. Six feuilles de Grotesques avec des Chymeres. In 4.

I. MATTHIEU GREUTER ou GREUTHER, dessinateur et graveur, né à Strasbourg vers 1564. et mort à Rome en 1638. Cet artiste travailla quelque tems à Lyon et à Avignon. De-là il se rendit à Rome, où il se fit connoître par son bon esprit et par sa grande intelligence dans son art. Il publia des ouvrages de différens genres, au nombre de 91. pièces. Son dessin en général est assez correct, à l'exception des extrémités qui sont quelquefois négligées. La plûpart de ses Estampes sont gravées à l'eau forte et terminées au burin dans un bon style.

1. Le Pape Sixte V. Pièce in 4.

2. Seraphinus Olivarius Razzalius, Cardinal. In 4.

3. La Vierge assise avec l'enfant Jésus, dans un paysage et le petit Jésus devant elle. J. Baroccio pinx. In 4.

4. Marie-Madeleine, assise dans un paysage, tenant un livre et appuyant la main droite sur une tête de mort. M. G. F. 1584. In 4.

5. Vénus nue debout sur un globe, emblême sur les vertus et les vices. M. Greuther inv. et fecit 1587. Petit in fol. en t.

6. La Chûte de Phaëton. D'après Wendel Dieterlin de Strasbourg, gravé en 1588. par M. Greuter. Gr. in fol.

7. L'Embrasement de Troie, d'après Lanfranc. In fol en t.

8. La magnifique Cavalcade de l'Empereur Charles-quint, gravée par M. Greuther et L. Vorsterman. Tr. Gr. pièce en travers.

II. JEAN FRÉDÉRIC GREUTHER, dessinateur et graveur au burin, né à Rome vers 1600. et mort en Italie vers 1660. Fils et élève du précédent, il fut un des meilleurs graveurs de son tems. Jean Lanfranc en faisoit grand cas; fondé sur cette estime il lui fit graver plusieurs de ses tableaux. Parmi plusieurs morceaux de mérite on trouve surtout des preuves de sa capacité dans les estampes qu'il a gravées pour la Flora du P. Ferrari. Son burin a de la fermeté et son dessin de la correction.

1. Jean-Baptiste Marino, Poëte Napolitain. J. Vouet pinx. In fol.
2. Les Hespérides. Sujet tiré du livre: *Documenti d'amore.* Lorenzo Greuter inv. Gio. Fr. Greuter sc. In 4.
3. La Renommée sonnant de la trompête dans l'air sur un cartouche tenu par deux Génies. Frontispice du livre: *Tesserae Gentilitiae a Silvestro Petra Sancta, Societ. Jesu. &c. Romae* 1638. Giov. Fr. Romanelli inv. In fol.
4. Hercule auquel les Hesperides offrent des lauriers, Titre de *Ferrarii Hesperides sive malorum aureorum cura et usus.* Pietro de Cortone pinx. In fol.
5. Marc-Antoine Colonne, porté en triomphe par les Divinités marines. P. de Cortone pinx. Gr. p. en trav.
6. La Cultures des Orangers et des Citroniers dans l'Etat de Gènes. Guido Reni inv. Tiré de *Ferrarii Hesperides.* In fol.
7. Les Hespérides arrivant dans le port de Naples avec leurs fruits portés par des Tritons. Giov. Lanfranco inv. In fol. Tiré de *Ferrarii Hesperides.* In fol.
8. Les Forges de Vulcain, où se voient deux hommes qui tiennent un écusson aux armes d'un Cardinal. Giov. Lanfranco pinx. Gr. p. en t.
9. Apollon et les Muses sur le Parnasse. Sans le nom du peintre, qui est Andr. Camassei. Gr. in fol. en t.
10. La Mort de Sainte Cécile, d'après le Dominiquin. Petit in fol. presque carré.
11. Une grande Bataille, d'après Tempesta. Gr. p. en t.
12. *Il Ciborio o Baldachino, collocato sopra la Confessione*

sotto la Cupola di S. Pietro in Vaticano. J. L. Berni-
ni inv. Gr. in fol.

Matthieu Kager, peintre et graveur, naquit à Munich en 1566. et mourut à Augsbourg en 1634. Il fut un des meilleurs peintres d'histoire de son tems, qualité qu'il dût à un assez long séjour en Italie, où il étudia l'antique et les grands maîtres modernes. A son retour dans sa patrie, le Duc de Bavière le nomma son premier peintre, et lui assigna une pension considérable. Les églises de Munich, ainsi que les palais du Prince, attestent la capacité de Kager. Partisan zélé de la liberté, il quitta la cour et s'établit à Augsbourg, où il obtint le droit de citoyen. La peinture à fresque et à l'huile, étoit également de son ressort; il peignit dans la première manière quelques façades de maisons à Augsbourg, comme il avoit fait à Munich. On met au rang de ses chef-d'œuvres le jugement dernier qui est dans le sallon du Sènat d'Augsbourg et les décorations de la salle d'or de l'hôtel de ville. A ces talens acquis, il joignit les qualités personnelles; à force de mérite il parvint au poste de Bourguemestre de cette ville. Cependant Kager n'est guere connu hors de sa patrie que par les Estampes qu'en ont données les Sadelers, les Kilians et quelques autres, et qui se montent à environ 64. pièces. L. Kilian a gravé son portrait en 1626. Lui même a gravé quelques morceaux à la pointe retouchés au burin, dont nous connoissons les trois suivantes:

1. La Nativité, ou l'Adoration des Bergers. M. Kager inv. et sc. 1610. P. in fol.
2. St. Jean baptisant Jesus dans les eaux du Jourdain. Id. fec. P. in fol.
3. Sainte Famille. M. Kager fecit 1605. Ovale in 4.

ADAM ELSHEIMER, nommé aussi ADAM DE FRANCFORT, peintre né à Francfort sur le Mein, en 1574. et mort à Rome en 1620. Disciple de Philippe Uffenbach, il alla en en Italie et s'établit à Rome. Ayant fait connoissance avec quelques peintres des Pays-Bas, il adopta une manière finie de peindre qui lui réussit tellement qu'il fut regardé comme le meilleur peintre dans ce genre. Il peignoit tout d'après nature avec un soin et une patience incroyable. Le prix modique qu'il vendoit ses ouvrages lui fit contracter des dettes; hors d'état de les payer il fut mis en prison et mourut de chagrin à l'âge de quarante-six ans, peu de tems après avoir recouvré sa liberté.

Le mérite des tableaux d'Elsheimer, toujours de petite forme, consiste dans le bon goût de son dessin, dans l'excellente composition de ses sujets et dans la parfaite harmonie du tout-ensemble. Il entendoit à fond le clair-obscur. On admire ses clairs de lune et ses effets de nuit. Si ses tableaux lui eussent été payés de son vivant le quart de ce qu'ils le furent après sa mort, il n'auroit pas été réduit à la dernière misere.

Plusieurs graveurs ont travaillé d'après ce maître, entre autres le Comte Goudt d'Utrecht, Hollar, Madeleine de Passe &c. et le nombre de ses pièces gravées passe la cinquantaine. Plusieurs auteurs ont écrit la vie d'Elsheimer. Celle qui ne laisse rien à désirer se trouve insérée dans le Museum de Meusel*).

Lui-même a gravé à l'eau forte plusieurs petits sujets qui sont de la plus grande rareté. La seule pièce dont je connois l'autenticité est la suivante:

1. Le jeune Tobie conduisant son pere aveugle. Elsheimer fecit. P. in 4. sans le nom de l'artiste.

Voyez aussi l'article d'Elsheimer, dans le Catalogue raisonné du Cabinet de Brandes.

I. THEODORE CRUGER, ou KRUGER, graveur au burin, né à Munich vers 1576. et mort à Rome vers 1650. Cruger a toujours travaillé en Italie, où il a cherché à imiter

---

*) Museum für Künstler und Kunstliebhaber. Herausgegeben von J. G. Meusel. XI. St. 1790.

le Style de Francesco Villamena: comme son modele il a manié le burin avec beaucoup de facilité, et le plus souvent avec plus de force que de goût. Il ne paroît pas non plus qu'il ait eu une idée bien nette de l'harmonie des jours et des ombres.

Son chiffre ordinaire est composé des lettres initiales de son nom T. C. jointes ensemble.

1. Histoire de la vie et de la mort de St. Jean-Baptiste; suite de tableaux peinte dans le vestibule de la confrérie del Scalsa à Florence: à la tête se trouve le buste du peintre, avec une dédicace à Cosme de Médicis. André del Sarto pinx. C. Cruger sc. 1618. gr. in fol. en tr.
2. Jésus Christ faisant la Cène avec ses Apôtres. Id. pinx. Gr. in fol. en tr.
3. Retour d'Egypte, où le petit St. Jean embrasse le petit Jesus. Francia Bigio pinx. P. in fol. en tr.

Cruger avoit déja gravé cette pièce en 1613. avant son voyage d'Italie. Ici il se nomme Dietrich Kruger.

4. L'Enfant Jésus benit le petit St. Jean. Id. pinx. Gr. in fol. en tr.
5. Un Prince sur un Tribunal, entouré des divers membres de l'état, avec l'inscription : VOX MIHI. Lanfranco inv. Th. Cruger sc. Gr. in fol.

II. THEODORE CRUGER, ou KRUGER, peut-être fils du précédent, naquit vers 1646. On n'a rien de certain sur la vie de cet artiste; on sait seulement que les Italiens le nomment della Croce, les Flamands Vercruys, et les Allemans Kruger. En 1710. il grava, en compagnie de Mogalli, de Lorenzini et de Pichianti la Galerie ducale de Florence.

La conformité des noms nous a engagé de le placer à la suite du premier Cruger, en attendant qu'on lui trouve une patrie incontestable.

1. Ludovicus Adimari. P. Dandini. In 8.
2. Portrait d'un Gentilhomme. P. Bordone, de la Gal. de Florence. In fol.
3. Portrait d'une Dame. Id. p. Ibid. In fol.
4. Portrait de la Femme de Giorgione. Peinte par le Giorgione. Ibid. In fol.
5. Saint François en prières. C. Maratte pinx. In fol.
6. Une Vénus couchée. Gr. p. en t.

DOMINIQUE CUSTOS, dit BALTENS, dessinateur et graveur au burin, fils de Pierre Custos, appellé Pierre Balthasar, ou Baltens, peintre et poéte, naquit à Anvers, vers 1560. et mourut à Augsbourg en 1612. Le jeune Baltens étant venu s'établir dans cette dernière ville prit le nom de Dominique Custos et y établit un commerce d'estampes qui a été longtems florissant. Ayant épousé la veuve de Barthelemi Kilian le vieux, il se chargea de l'éducation et de l'instruction des deux fils de ce dernier, de Lucas et de Wolfgang Kilian. Il eut trois fils qu'il instruisit aussi dans son art; mais comme ces derniers ne sont gueres sortis de l'état de médiocrité, nous n'en ferons pas une plus longue mention. Il réussit mieux avec ses beaux fils: ses soins à leur égard furent couronnés du plus beau succès, comme nous le dirons ci-après. Custos publia plusieurs ouvrages, et surtout un grand nombre de portraits qui sans être des chef-d'œuvres, ne laissent pas d'avoir leur mérite.

Il marquoit communément ses estampes des lettres initiales D. C.

Parmi ses nombreux ouvrages nous nous contenterons de citer les suivans:

1. *Fuggerorum et Fuggerarum Imagines.* In fol.

Cette première édition, que Custos publia vers 1593. contenoit 64. Portraits, et elle est devenue extrêmement rare.

Il y eut de cet ouvrage trois éditions, dont il n'y a de remarquable que la seconde, imprimée à Augsbourg par Andreas Aperger, augmentée de 67. portraits gravés par Lucas et Wolfgang Kilian. Elle contient 127. Portraits, outre les armes des Fugger et le cartouche du titre.

2. *Effigies piorum ac doctorum aliquot virorum ad vivum*

delineatae et acri incisae per Dom. Custos. 1594. 14. Morceaux.

3. *Tirolensium Principum Comitum genuinae Eicones*, 1599. in fol. Ouvrage contenant 28. Planches qui représentent les Comtes de Tirol en pied.

4. *Atrium Heroicum, Caesarum, Regum, aliorumque Summatum ac Principium, qui intra proximum Seculum vixere aut hodie supersunt Imaginib. LXXII. illustr.* 1600. En quatre parties.

La plupart des portraits qui composent ce recueil sont gravées par Custos lui-même, les autres le sont par ses fils et par ses élèves.

Portraits séparés.

5. Marcus Bragadino. J. ab Ach pinx. 1591. in 8.
6. Carolus III. Lotharingiae Dux, 1597. in 8.
7. Dorothea Lotharingiae Dux. in 8.
8. Sixtus V. Pont. Maxim. in 8.
9. Buste de Sigismond, Prince de Moldavie en habit de costume. J. ab Ach pinx. In 4.
10. Buste de Marie-Christine Caroline, Archiduchese d'Autriche, sa femme, en habit paré. Id. p. in 4.
11. Côme de Médicis, Grand-Duc de Toscane. D. Custos, Chalcograph. Civ. Aug. Vindel. 1609. In 4.
12. Rudolphe II. Empereur des Romains &c. D. C. excud. In 4.
13. Christianus II. Dux Saxon. et Electeur &c. D. C. Aug. Vindel. 1604. In fol.
14. Henricus de Knoringen, Evêque d'Augsbourg, ovale orné, in fol.
15. Johann Philippe, Evêque de Bamberg, ovale orné, in fol.

16. Maximilianus Comes Palat. Dux Bavariae, et Elisabetha Lotharingea Uxor. Deux ovales sur une planche, ornés de figures. 1598. in fol. en t.

17. L'Histoire de l'Enfant prodigue, 4. pièces. D. Custodis. inv. et sc. P. in fol.

18. Judith mettant la tête d'Holoferne dans un sac, tenu par sa servante, demi-figures. Joh. von Aachen pinx. Dom. Custos fec. Gr. in fol.

Il a encore gravé d'après: Joh. von Achen. F. Baroccio. F. Bassano. L. Bernard. P. Bril. Les Carraches. A. Casolani. B. Castelli. F. Fensoni. Joh. Heintz. M. Kager. J. Ligozzi. J. Palma. J. Rotenhamer. B. Spranger. J. Stradanus. F. Sustris. F. Vanni. G. Vasari.

I. LUCAS KILIAN, de la nombreuse famille des artistes de ce nom, dessinateur et graveur au burin, naquit à Augsbourg en 1579. et mourut dans la même ville en 1637. sans laisser de postérité. Fils aîné de Barthelemi Kilian, dit le vieux, habile orfèvre natif de Silésie, il perdit son pere en bas âge; mais comme il a été dit ci-devant, il trouva en Dominique Custos un second pere qui s'acquitta fidèlement de tous les devoirs que ce nom impose. Son beau-pere, non content de l'avoir instruit dans les principes du dessin et de la gravure, le fit voyager en Italie qui étoit alors la véritable école des artistes. Il s'arrêta principalement à Venise, où il grava différens tableaux d'après le Tintoret, Paul Veronese et d'autres grands maîtres, dont il envoya les planches à Augsbourg. De retour dans sa patrie il continua de travailler avec une extrême assiduité, et devint un des plus habiles graveurs en Allemagne. Lucas possédoit une telle dextérité dans le maniement de son outil, qu'il étoit en état de graver deux portraits dans une semaine. Sa manière tient de celles des Goltzius et des Muller, et il a été comparé dans son tems à Gille Sadeler. Il règne dans ses sujets historiques une grande facilité de burin et une coupe de cuivre très-vigoureuse : on y desireroit en général plus de pureté dans le dessin et moins de manière dans ses contours, surtout dans les morceaux qu'il a gravés d'après Spranger.

Il marquoit ordinairement ses pièces de son nom, ou des lettres initiales L. K. F.

1. L'Adoration des Bergers. Jac. Palma Jun. pinx. In fol. en tr.
2. La Multiplication des pains. Tintoretto pinx. Gr. in fol.
3. La Résurrection. P. Veronese pinx. In fol.
4. Un Christ mort sur les genoux de la Vierge, Michel-Angelo pinx. In 4.
5. La Statue d'Hercule, grouppe. Id. fec. In 4.

6. Sainte Famille, avec des têtes grosses comme demi-nature. Corn. de Harlem pinx. In fol.

7. Autre Ste. Famille, avec deux Anges. B. Spranger pinx. 1605. Gr. in fol.

8. La Sagesse enchaînée par l'Amour, sous l'emblême de Mercure et de Cupidon. Id. pinx. In fol.

9. Une Adoration des Bergers, avec une dédicace à l'Electeur de Mayence. Joh. Rottenhamer pinx. L. Kilian Venet sc. 1601. In fol.

10. Un Christ en croix, avec St. Jean et les deux Maries. Tableau peint dans le goût du Tintoret. Id. pinx. 1618. Gr. in fol.

11. La Figure de la Victoire en pied. Id. p. 1614. Gr. in fol.

12. Jesus descendu de la croix par les anges. *Justus perit.* — — Joh. Heintz pinx. 1608. In fol.

13. L'Enlevement de Proserpine. *Dum violas* — — Id. pinx. 1606. Gr. in fol. en tr.

14. Figure colossale de St. Michel en bronze, grouppe qui décore le portail de l'arsenal d'Augsburg et qui a été jeté en fonte par Jean Reichel. Mat. Kager del. 1607. Gr. in fol.

B. *Portraits.*

15. Lucas Kilian. Aet. 55. se ipse sc. in argento 1635. In 4.

Rare.

16. Petrus Custos, vulgo Baltens, Pictor et Poeta Antwerpianus. *In gratiam piae memor. Parentis Cariss. F. C. Dom. Custos Chalcographus et civis Aug. Vind.* 1609. L. K. *fecit.* In 4.

17. Davidis Hoeschelii Augustani Effigies Anno 1605. L. Kilian ad vivum del. et sculp. In 4.

18. Lud-

W. KILIAN.

18. Ludwig Fernberger zu Egenberg Ober-Camerer in Oesterreich ob der Ens. 1605. L. K. A. del. In 4.

19. Henricus Fridericus Auriacae, Princeps, Comes Nassoviae. 1620.

20. Nicolas Christophe, Prince de Radzivil, Palatin de Vilna. In 4.

21. George Comte Mnischek, Palatin de Sendomir. In 4.

22. Zacharie Geitzkofler, de Gailenbach, Chevalier. Joh. ab Ach pinx. In 4.

23. Franciscus Pisanus, Scriptor Genuensis, Lucianus Bozzonne Pictor. In 4.

24. Paulus a Stetten, Reipubl. Augustanae Decemvir. 1634. In 4.

25. Maximilien de Grefentall; dans un oval entouré d'accessoires historiés. In fol.

26. Albert Durer, peint d'après l'original par Jean Rotenhamer. 1608. In fol.

27. Maria Eleonora Suevorum Gothorum Regina. gr. in fol.

28. Gustavus Adolphus Suevorum Gothorum Rex. Gr. in fol.

II. WOLFGANG KILIAN, fils puîné de Barthelemi le vieux, dessinateur et graveur au burin et à l'eau forte, naquit à Augsbourg in 1662. et mourut dans la même ville en 1581. Son beau-père, Dominique Custos, le fit jouir des mêmes instructions qu'il avoit données à son frere Lucas; et au retour de l'Italie de celui-ci en 1604. il fit faire le même

P

voyage à Wolfgang. Les Estampes qu'il grava d'après le Tintoret, Paul Veronese, le Bassan, et Farinati, attestent qu'il a bien employé son tems dans le pays des arts. A son retour d'Italie il épousa la fille du Bourguemaître Andrissen, et il eut de ce mariage quinze enfans, dont il n'éleva à l'âge de maturité que six, trois fils et trois filles. Cette quantité d'enfans, jointe aux malheurs du tems pendant la guerre de trente ans, l'empêchèrent sans doute d'exécuter ses entreprises de gravure avec la force et les soins dont il étoit capable. Contraint par les circonstances, il se vit obligé de graver des portraits, dont il fit un grand nombre. Il ne laissa pourtant pas de donner des morceaux plus importans au burin et à la pointe. Les connoisseurs font un cas particulier de sa grande pièce qui représente le Festin donné à Augsbourg en 1649. par le Comte Palatin, Charles Gustave, à l'occasion de la célébration de la Paix de Westphalie. D'ailleurs Wolfgang Kilian eut toutes les vertus sociales, et fut très révéré par ses concitoyens. Il donna une excellente éducation à ses enfans. Pour ses fils aînés Jean et Philippe, il les envoya se former en Italie; à l'égard du troisième, Barthélemi, il le fit passer à Paris. Jean

W. Kilian.

fit connoître comme un habile orfèvre, et Philippe grava d'après ses dessins nombre de Thèses et de Portraits recherchés par les connoisseurs. Nous ne ferons une mention particulière que de Barthelemi, comme celui des trois freres qui s'est le plus distingué.

A. *Sujets historiques.*

1. Le Baptême de Jésus-Christ. Paolo Veronese pinx. Gr. in fol.
2. L'Assomption de la Vierge. Il Tintoretto pinx. Gr. in fol.
3. Le Samaritain charitable. Giacomo Bassano pinx. In fol. en t.
4. Descente de Croix. Paole Farinato pinx. In fol.
5. Représentation du Festin de la Paix de Westphalie donné en 1649. à la maison de ville de Nuremberg, en présence de tous les Ministres plénipotentiaires. Joab Sandrart pinx. Très-grande pièce, en deux planches. Rare.
6. Wolfgang Kilian, portrait historié, avec l'inscription: *Labor improbus omnia vincit.* Se ipse sc.

B. *Portraits.*

7. Maximilien, Graf von Wallenstein, Röm. Kays. Rath und obrister Stallmeister. 1642. P. in 4.
8. Jean Major, Mathématicien d'Augsbourg. P. in 4.
9. Ernest, Comte de Mansfeld. *Force n'est trop.* In 4.
10. Frédéric, Baron de Teuffenbach. In 4.

B. KILIAN.

11. Jean Godefroi, Evêque de Würtzbourg. In 4.
12. Ferdinandus III. Rom. Imperator. In 4.
13. Jean Suiccard, Archevêque et Electeur de Mayence, portrait historié. In fol.
14. Ferdinand de Baviere, Archevêque et Electeur de Cologne, portrait historié. In fol.
15. Lothaire, Archevêque et Electeur de Treves, portrait historié. In fol.

Wolfgang a encore gravé:

16. La plupart des planches représentant les Saints de l'ordre de St. Benoît sous le titre: *Imagines Sanctorum Ord. S. Benedicti &c.* 1625. In 4.
17. Une partie de Vues d'Architecture et d'autres gravures pour l'Histoire du Monastere de St. Udalric d'Augsbourg, d'après les dessins de Matthieu Kager, ouvrage fait en société avec Daniel Manaser, portant pour titre: *Basilicae S. S. Udalrici et Afrae Augustae Vindelicorum Historiae.* Augsbourg 1626. In 4.
18. Les portraits généalogiques des Ducs de Baviere, sous le titre: *Genealogia sereniss. Boiariae Ducum, et quorundam genuinae Effigies,* 1605. In fol.

III. BARTHELEMI KILIAN, troisième fils de Wolfgang, dessinateur et graveur au burin et à la pointe, naquit à Augsbourg en 1630. et mourut dans la même ville en 1696. Barthélemi se distingua de bonne heure dans l'art, et Sandrart lui donne le témoignage qu'il étoit né artiste. A l'âge de dix-huit ans il avoit gravé supérieurement une Madeleine d'après Matthieu Gondelach. Ce talent précoce engagea son pere de l'envoyer à Francfort auprès du célèbre Matthieu Merian chez qui il resta deux ans et demi. De-là il se rendit à Paris, où il travailla pendant trois ans et demi chez différens artistes, et où il grava pour son compte en 1654. un Crucifix d'après Testelin, une Assomption d'après Champagne, et quelques autres pièces. De retour dans sa patrie il se maria, et cultiva la gravure avec le plus grand succès. Il mit au jour un grand nombre de beaux portraits et de belles Thèses très-recherchés des connoisseurs. Feu M. Mariette faisoit un cas particulier des productions de cet artiste. Barthélemi avoit coutume de dire qu'il falloit qu'un graveur, pour conduire judicieusement son outil, ou fût lui-même bon dessinateur, ou se laissât guider par un habile peintre. Indépendamment du burin qu'il manioit savamment avec deux tailles, il traitoit aussi supérieurement l'eau forte: il avoit une telle pratique dans cette dernière manière, qu'il dessinoit avec la pointe sur le cuivre, comme s'il dessinoit sur le papier.

La plupart de ses estampes sont marquées de son nom.

La Vierge et l'Enfant Jésus. Caspar Sing pinx. Grand in fol.

Belle pièce.

2. Barthélemi Kilian, gravé par son frere Philippe. In 4.

3. Bénédict Winkler auf Dölitz und Stintz Erbsatz. En profil. Joh. Ulric Mayr pinx. In 4.

4. Michaël In Hof Noriberg. Concil. Figure jusqu'aux genoux dans un paysage. In 4.

5. Amalia, Herrin und Frau zu Stubenberg. In 4.

6. Leonhard Fussenegger, Pfarrer und Prediger zu Augsburg, à mi-corps. Bartholome Hopfer pinx. In fol.

7. Johann Conrad Böbel, Prediger zu Augsburg, à mi-corps. Id. p. In fol.

8. Christoph Ehinger, Prediger zu Augsburg, à mi-corps. Id. p. In fol.

9. Johann Henrich Faber, Prediger zu Augsburg, à mi-corps. Id. p. In fol.

10. Jonas Hiller, Prediger zu Augsburg, à mi-corps. Id. p. In fol.

11. Hartmann Creid, Prediger zu Augsburg, à mi-corps. Id. p. In fol.

Ces six portraits, représentés dans le costume des Prédicateurs protestans, sont d'une exécution très-pittoresque.

12. Johann Leonhard Schorer, Négociant, figure jusqu'aux genoux. F. F. Frank del. 1665. In fol.

13. Georg Philipp Risen, Prédicateur à Augsbourg, à mi-corps. Hoh. Heinrich Schoenfeldt pinx. In fol.

14. Bernhardus Verzascha, Medicus, Basiliensis. Dans un ovale, avec le chiffre ℳ. In fol. Beau buste.

15. Marcus Antonius Jenisch, Senator Augustanae Reip. Joh. W. Mayr del. In fol.
16. Nic. Fridig, Argentorat. Consiliarum. Figure jusqu'aux genoux. Th. Roos pinx. 1677. In fol.
17. Christophorus a Stetten. Reip. August. Senator. Ulrich Mayr pinx. 1679. In fol.
18. Anna Catherina Eggerin, geborne von Stetten. Id. p. 1679. In fol.
19. Trois Médaillons des trois Archevêques de Salzbourg de la Maison de Knenbourg, avec des figures allégoriques. H. Henrich Schoenfeldt pinx. Gr. in fol.
20. Joannes III. Poloniae Rex. Ad. Bloemaert del. 1681. Très-gr. in fol. Buste grand comme nature.

D'une savante exécution.

21. Maximilien Emanuel, Prince Electoral de Bavière, sujet de Thèse, avec des accessoires historiques. T. gr. pièce.
22. L'Empereur Joseph à cheval, en Roi des Romains; sujet de Thèse. 1694.

Une des plus grande estampes qui existe, étant de grandeur naturelle.

IV. PHILIPPE ANDRE KILIAN, troisième fils de George, et petit neveu de Barthélemi, dessinateur et graveur au burin et à la pointe, naquit à Augsburg en 1714. et mourut dans la même ville en 1759. Descendu d'une famille d'artistes, il avoit contracté presqu'en naissant le goût pour l'art. Après avoir appris les élémens du dessin et de la gravure chez André

Friederich à Augsburg, il alla achever ses études auprès de George Martin Preifsler à Nuremberg, où il donna les prémieres preuves de sa capacité par les pièces qu'il grava pour la *Physica sacra* de Scheuchzer. Les fondemens une fois posés de son art, il s'y perfectionna tellement dans ses voyages en Allemagne et dans les Pays-Bas, qu'il a mérité d'être mis au rang des plus habiles graveurs d'histoire. Grand dessinateur, la base essentielle du graveur d'histoire, il allioit savamment le burin avec la pointe et traitoit ses sujets dans leur vrai caractere. Les tableaux qu'il a gravés d'après ses dessins de la Galerie de Dresde, attestent son habileté dans toutes les parties de son art. Le Roi de Pologne, Auguste III. qui faisoit un cas particulier de cet artiste, disoit, quand un graveur avoit mal rendu un tableau de sa galerie : Il faut le faire regraver par Kilian! Ce Prince le nomma son graveur et chercha à l'attirer à Dresde; mais notre artiste qui savoit apprécier sa liberté, préféra de rester dans sa patrie. Les arrangemens qu'il avoit pris avec la Cour de Dresde pour continuer les gravures d'après les tableaux de la galerie, ayant été interrompus par la guerre de sept ans, il fit une entreprise de gravure pour son compte et mit au jour

Ph. A. Kilian.

une Bible en 130. feuilles d'après différens maîtres et d'après ses propres dessins. Cette suite, qui n'est pas son meilleur ouvrage, renferme quelques bonnes pièces.

A. *Pièces historiques.*

1. Jésus Christ en prières dans le Jardin des Olives Phil. André Kilian del. et sc. Gr. in fol.
2. La Madeleine lavant les pieds de Jésus-Christ. Nicolaus Grassi pinx. Gr. in fol. en t.
3. L'Adoration des Rois. Paul Véronese pinx. Gr. in fol. en t. De la Gal. de Dresde.
4. La Famille d'un noble Vénitien, conduite aux pieds de la Vierge par les Vertus chrétiennes Id. p. Gr. in fol. en t. Ibid.
5. La Femme adultère. Il Tintoretto pinx. Gr. in fol. en t. Ibid.
6. Le Baptême de St. Augustin à Milan par St. Ambroise. J. B. Pittoni pinx. Très-gr. in fol.
7. La Fille d'Hérodias tenant la tête de St. Jean Carlo Dolce pinx. In fol. Ibid.
8. Regina Angelorum. La Vierge dans sa gloire, entourée d'Anges. J. G. Bergmüller pinx. Gr in fol. Belle pièce.
9. La Vierge dans les nues accordant des indulgences plénieres à St. François; grande composition. Christophe Th. Scheffler pinx. Très-gr. in fol. Belle pièce.
10. St. Cosme et St. Damien. Joh. Wolfgang Baumgaertner pinx. Très-grande pièce.

B. *Portraits.*

11. Clemens Rezzonicus, Venetus, Pontif. Max. G. D. Porta, fil. pinx. Gr. in fol.
12. François I. Empereur d'Allemagne, représenté dans son armure, jusqu'aux genoux. M. de Meitens pinx. Gr. in fol.
13. Marie-Thérèse d'Autriche, Impératrice-Reine représentée dans ses ornemens, jusqu'aux genoux. Pendant.
14. Johann Martin Christell, Pfarrer bey Sanct Jacob zu Augsburg. P. A. Kilian pinx. et sculps. In fol.
15. Christoph Henrich Andre Geret, Anspacensis a Consil. Consistor. &c. Joh. Romelli effig. pinx. In fol.
16. Curt Christophel, Graf von Schidenn, General Feldmarschall der preussischen Armee. Peint par Stranz. In fol.
17. Ferdinand, Duc de Brunsvic, Général en chef de l'Armée alliée. Ant. Pesne, pictor. Gr. in fol.
18. Godofredus Schnurbein in Meytingen &c. Gottf. Eichler effig. pinx. Ph. A. Kilian pinx. et sc. 1750. Gr. in fol.

ISAAC MAJOR, peintre, et graveur au burin, ainsi qu'à la pointe, naquit à Francfort sur le Mein vers 1576. et mourut à Vienne vers 1630. Jeune encore il se rendit à Prague, où il apprit à peindre le paysage sous Roland Savery, peintre de l'Empereur Rodolphe II. et puis à graver au burin chez Gilles Sadeler, graveur au service du même Empereur.

Il réussit singulièrement dans ce dernier art. Aussi c'est en qualité de graveur qu'il est le plus connu; l'on prétend même que plusieurs paysages qui passent pour être de Sadeler sont de notre Major. Quoiqu'il en soit, il décèle moins de génie que son maître, quant aux finesses de son art; il n'entendoit pas aussi bien que lui l'accord du tout ensemble. La pièce capitale de Major est St. Jérôme dans une grotte, d'après Savery. Ce paysage, un des plus grands qui ait été fait au burin, est gravé à Vienne avec un soin et une finesse toute particulière. Cette pièce, sur laquelle il fondoit sa fortune, fut pour lui une source de chagrin, n'ayant pas reçu la récompense qu'il en attendoit et ne trouvant point de débit de son estampe. Il ne réussit pas mieux par la publication de neuf beaux paysages, ornés de roches, de chutes d'eau et de sites sauvages; malgré le mérite pittoresque de ces pièces, d'une exécution plus large et d'un effet plus piquant, elles ne trouverent point d'approbation. Le pauvre artiste, réduit par cet abandon à la plus grande misère, mourut victime de l'injustice de son siècle.

1. L'Empereur sur un char de triomphe, avec des Cygnes et des Aigles, allegorie portant pour inscription: *Ite triomphalis felices omine Cygni, ite Aquilae magna Pompo secunda duci.* In 4.

CH. JEGHER.

2—7. Six Paysages représentant des Vues sauvages de Bohême. D'après P. Stephani. In fol. en tr.

8—16. Neuf Paysages numérotés représentant les sites les plus sauvages des montagnes de Bohême. Isaac Major fec. Jerem. Wolf exc. Gr. in fol. en tr. Pièce d'une gravure grignotée d'un bel effet.

17. Grand Paysage montagneux, embrassant une vaste étendue de pays et offrant d'immenses détails. R. Saveri pinx. Isaac Major fc. Viennae 1522. Très grande piéce en travers.

CHRISTOPH JEGHER, graveur en bois, né en Allemagne vers 1590. et mort dans les Pays-Bas vers 1670. Les circonstances de la vie de cet artiste nous sont absolument inconnus. Tout ce qu'on sait de lui est qu'il s'établit à Anvers vers 1620. et que son goût de travail plût tellement à Rubens, qu'il lui fit tailler en bois sous sa direction plusieurs de ses dessins, dont il voulut être lui-même l'éditeur. Après la mort de Rubens, la plûpart de ces planches passèrent en la possession de Jegher, qui en débita les estampes, dont plusieurs sont en clair-obscur et extrêmement recherchées. On admire dans les ouvrages de Jegher la fermeté de la main, la correction du dessin dans les extrémités, et l'expression originale dans les physionomies de ses figures. Il a gravé aussi après d'autres maîtres. On connoît de lui un Crucifix d'après F. Franck, de 1637.

Voici ses pièces principales, toutes d'après Rubens. Les plus belles et les plus rares sont en clair-obscur.

1. Buste d'un Homme en cheveux et avec une barbe épaisse. P. P. Rubens del. et excud. Clair obscur. Petit in fol.
2. Susanne surprise par les Vieillards. Gr. p. en t.
3. Repos en Egypte. Gr. p. en t.
4. L'Enfant Jésus et le petit St. Jean jouant avec un agneau. In fol. en tr.
5. Le Couronnement de la Vierge. In fol. en t.
6. Jésus-Christ tenté par le Diable. In fol. en t.
7. Hercule exterminant la Fureur et la Discorde. Gr. pièce.
8. Silène ivre, soutenu par un Satyre. In fol.
9. La Conversation des Amans. Tr. gr. p. en t.

I. MATTHIEU MERIAN, dessinateur et graveur à l'eau forte, naquit en 1593. mourut à Schwalbach et fut enterré à Francfort en 1651. Son père, Walther Merian, membre du Conseil de Bâle, soigna lui-même l'éducation de son fils, et réussit si bien que ce fils, indépendamment de ses talens, fut un des hommes le plus honnêtes et le plus vertueux de son siècle. Ayant remarqué que le jeune Matthieu avoit un goût décidé pour les arts de dessin, il l'envoya à Zurich auprès de Dietrich Meyer, peintre sur verre et graveur à l'eau forte, genre dans lequel il avoit fait de nouvelles découvertes, en employant, dans la préparation de ses planches, le vernis mou, au lieu du vernis dur. Le disciple profita si bien des leçons du maître qu'au bout de quatre ans il avoit déja de la réputation. Appelé à Nancy pour y graver à l'eau forte le Catafalque du Duc de Lorraine, il suivit sa vocation et s'en acquitta avec honneur. De-là il se rendit à Paris et y porta la méthode de graver à l'eau forte qu'il tenoit de son maître. Le fameux Jacques Callot venoit d'arriver pareillement en cette ville, et ces deux hommes, malgré leur différence d'humeur et de tempérament, devinrent bientôt amis. Le Lorrain étoit vif et cholérique, le Suisse étoit doux et mélancolique. Il se communiquerent leurs ouvrages et leurs découvertes. C'est à cette communication qu'on doit cette variété et cette quantité de pièces dont ils ont enrichi le public.

Après avoir passé utilement quelques années à Paris, il retourna à Bâle pour faire de-là un voyage en Italie. Il partit en effet pour cet objet, mais il n'arriva que jusqu'à Coire, Pays des Grisons, où il trouva le passage fermé par rapport à une maladie contagieuse. Obligé de retrograder, il se rendit à Augsbourg, en attendant que le passage pour l'Italie fut libre. Après quelques courses dans les environs et un voyage dans les Pays-Bas, il passa à Francfort sur le Mein, où il fit connaissance avec Théodore de Brÿ, qui, connoissant le mérite de Mérian, tâcha de le persuader de travailler en société avec lui, ou du moins de l'aider dans les travaux qu'il venoit d'entreprendre. Tout ce que de Bry put obtenir de notre voyageur, fut que celui-ci l'accompagneroit à Oppenheim où il avoit pris un établissement, et où sa famille se trouvoit déja. Ce fut là que notre artiste vit la fille aînée de son ami, jeune et belle personne, et son sort fut décidé. Plus de voyage d'Italie! Le beau moderne fut préféré au vénérable antique.

Mérian, après son mariage, resta quelque tems à Oppenheim et aida son beau-pere dans ses grands ouvrages; puis il retourna dans sa patrie pour y mener sa femme. Toujours laborieux, il traça sur le cuivre les belles contrées des environs de Heidelberg, de Stuttgardt, de Schwalbach et d'autres endroits, qu'il avoit dessinés d'après nature en différens tems. Il grava toutes ces Vues, ainsi que nombre de Paysages, de Chasses, de Batailles et d'Histoires, qu'il publia successivement.

Enfin, cédant aux sollicitations instantes de

son beaupere, de se charger des affaires de son commerce et de venir le joindre à Francfort, il quitta Bâle pour toujours et prit possession de son nouveau domicile. Ce fut dans cette ville qu'il publia les grands ouvrages qui ont consolidé sa réputation et qui consistent en plusieurs Volumes in Fol. En fait de Topographie il n'existe rien de plus complet. Tout amateur qui voudra se former une idée nette du mérite de Mérian, doit consulter une de ces grandes collections qui conservent tout son oeuvre.

Mérian laissa plusieurs enfans, trois fils, et encore un plus grand nombre de filles. Parmi ses fils, celui qui se destingua le plus dans l'art, ce fut Matthieu l'aîné, bon peintre de portraits ; et parmi ses filles Marie Sibylle mérite un article à part par l'éminence de ses talens.

Au reste les jugemens sur le mérite de Mérian diffèrent beaucoup. Les gens de l'art estiment ses ouvrages à cause de la manière expéditive et savante qu'il a traité l'eau forte, et les amateurs ordinaires les méprisent, parce qu'ils ne flattent pas l'œil et qu'ils ne sont pas rares. Il avoit plus de génie que de goût; on désireroit plus de gentillesse dans son travail, et plus de légéreté dans son feuiller.

Le

Le célèbre Salomon Gessner, dans sa Lettre à Jean Caspar Fuefslin sur le Paysage, a très-bien apprécié le mérite de notre artiste par le jugement suivant: „Les oeuvres de Mérian à qui on ne rend pas assez de justice, renferment des vérités prises sur la nature avec le plus beau choix. Qu'est-ce qui peut donc déguiser leur mérite? Le ton insipide de l'exécution. Donnez à ses arbres et à ses fonds la légéreté de Waterloo; répandez sur ses rochers et sur toute sa composition plus de variété, vous verrez naître plus d'effets brillans dont l'eclat de l'agrément feroient honneur au génie, et dont la disposition et les fonds se trouvent tout entiers dans Mérian„. On se contentera de rapporter un petit nombre de ses pièces.

David Pareus, Theol. D. et Prof. Academiae Heidelberg. P. in 4.

Daniel Sennertus, tête dans un ovale. Pet. in 4.

Arnoldus Weickerdus, Med. Doct. 1626. In 4.

La Cène. *Accepit Jesus panem* — Très grande pièce en travers.

Très rare.

Tabula Cebetis, *continens totius Vitae humanae Descriptionem*, ou tableau de la vie humaine de Cebès le Thébain. Très gr. in fol.

Rare.

Frontispice allégorique du Tome V. de l'ouvrage: *Thea.*

trum Europaeum. Pièce dont l'invention à été attribué à Rubens. In fol.

7—13. Suite de sept Vues de France, savoir: 1) Paris. 2) Le Palais et le Louvre à Paris. 3) Charenton. 4) Châlon. 5) Faubourg de Châlon. 6) Un coin du Jardin de Mons de Sillery. 7) Nancy. P. in 4. en tr.

14—19. Suite de six Vues d'Allemagne, savoir: 1) Zur Krafft. 2) Zur Krafft, *Ansicht auf der andern Seite.* 3) Loerch. 4) Blopsen. 5) Zur Newstat. 6) Zu Mentz. P. in 4. en tr.

20—35. Suite de seize Vues d'Allemagne et de Suisse: 1) Saugern. 2) Ein Meyerhof bey Saugern. 3) Brigligen. 4) Lauffen. 5 et 6) Tertveiler. 7) Ein Wald an der Birs. 8) Dellsperg. 9) Altdorf bey Dellsperg. 10) Zürcher-See. 11) Birse bey Basel. 12) Rorbach bey Heydelberg. 13) Der Neckar bey Kannstatt. 14) Heydelberg. 15) Der Neckar. 16) Lustgarten zu Stuttgart. In 4. en t.

36—47. Suite de douze Vues de Jardins et de Paysages divers, ornés de figures, de bois, d'eaux et de fabriques. In 4.

48—71. Suite de vingt-quatre Paysages, très-pittoresques, ornés de figures, de roches, de bois et de fabriques. In 4.

II. MARIE - SIBYLLE MERIAN, peintresse, dessinatrice, et graveuse, naquit à Francfort sur le Meyn en 1647. et mourut à Amsterdam en 1717. Elle perdit son pére, Mathieu Mérian, à l'âge de quatre ans; mais comme sa mére avoit épousé en seconde no-

Jacques Morell, excellent peintre de fleurs et de fruits, elle trouva dans son beaupere un guide fidele qui encouragea et développa ses dispositions naturelles pour les arts du dessin. Sous la direction d'un si bon maître elle fit de grands progrès dans la miniature, et elle porta la peinture des fleurs à sa perfection. Elle savoit orner ses tableaux d'insectes, de chenilles de papillons d'un goût tout nouveau et très-agréable. Guidée par son seul génie elle pénétra fort avant dans les secrets de la nature; elle découvrit la métamorphose des vers en chenilles et en papillons avec les propriétés et les nourritures de chaque insecte. Pour rendre ses recherches encore plus utiles, elle désiroit de les communiquer au public; mais il se passa quelque tems avant qu'elle put exécuter ce projet.

En 1665. elle épousa Jean-André Graf, habile peintre de Nuremberg, qui étoit venu à Francfort fréquenter l'école de Morell. Au bout de quelque tems son mari la mena dans sa patrie, où elle exécuta son projet qui lui tenoit si fort à coeur. En 1679. elle publia le premier Volume, et en 1683. le second. Cet ouvrage parut à Nuremberg en allemand, en deux volumes in 4. dont voici le titre en françois: *Histoire des Insectes de l'Europe, dessi-*

nés d'après nature, et expliqués par Marie-Sibylle Mérian, où l'on traite de la génération et des différentes métamorphoses des Insectes et des plantes dont ils se nourrissent.

Elle donna cette édition à ses frais, soignant elle même les dessins et les gravures, parce qu'elle savoit, que le meilleur artiste, à moins d'être au fait de l'histoire des insectes, néglige une infinité de choses qui lui paroissent peu importantes et qui forment l'essentiel aux yeux du connoisseur. D'ailleurs elle manioit la pointe avec la même dextérité que le pinceau.

Riche en invention, Sibylle avoit trouvé le secret d'employer de certaines couleurs végétales et de peindre sur de la toile et sur des étoffes de soie, des fleurs, des plantes, des oiseaux et des insectes qui paroissoient des deux côtés dans la même perfection, et qui par le lavage ne perdoient rien de leur beauté. Il existe encore des tapis qu'on montre comme des objets de curiosité. De plus elle brodoit des végétaux, des volatiles, des insectes d'une maniere si naturelle qu'on avoit de la peine à distinguer sa broderie de la peinture. Pour bien mériter de son sexe et lui donner un objet d'imitation, elle composa et publia à cette fin son *Fasciculus Florum* en cent planches.

En 1684. elle retourna à Francfort avec sa

famille. Au bout de quelque tems elle quitta son mari par un zele mal-entendu de religion, et se retira avec sa mere et ses deux filles dans la West-Frise, où elle se fit recevoir dans la société des Labadistes, comme sous le nom de la Communauté des Freres et des Sœurs. Cette communauté tenoit alors ses assemblées, sous la direction du Pierre Yvon, dans un château, nommé den Bosch, situé entre Franecker et Levardin, et dont le possesseur s'appelloit Sommerdyck. Elle y resta un tems assez considérable. Pendant son séjour, elle eut occasion de voir à loisir la belle collection des Insectes d'Amérique, que le Seigneur du château, qui étoit pour lors à Surinam, avoit fait passer en Hollande. Non contente de les examiner avec la derniere attention, elle les dessina exactement pour son instruction. Toujours avide d'étendre ses connoissances elle profita de son séjour en Hollande, pour visiter les plus fameux cabinets d'histoire naturelle du pays, sur tout ceux d'Amsterdam, qui étoient alors en grand nombre.

A la sollicitation des plus grands naturalistes de Hollande, mais encore plus par l'ascendant de son goût inné, elle forma le dessein de faire un voyage à Surinam, et elle l'exécuta en 1699. Après une heureuse navigation, elle arrive au terme de ses désirs. Redoublant d'attention, elle examine, elle dessine d'après nature, elle peint les insectes sur le vélin, elle y exprime en même tems leurs métamorphoses et leurs propriétés. Au milieu de ces agréables occupations, sa santé l'avertit qu'il falloit songer à son retour, attendu qu'elle souffroit beaucoup des grandes chaleurs du climat. Docile à cette invitation elle revint en Hollande l'année suivante, munie d'une ample provision d'insectes et de coquilles. Ce voyage si intéressant pour l'histoire naturelle, produisit l'ouvrage précieux que Sibylle mit au jour en 1705. à Amsterdam où elle s'étoit établie, consistant en 60. planches, grand in fol. Les remarques en langues latine et hollandoise, ont été tirées de ses mémoires et rangées en ordre par le célèbre Caspar Commelini. Voici le titre entier de l'ouvrage:

Metamorphosis Insectorum Surinamensium, in qua Erucae ac Vermes Surinamenses cum omnibus suis transformationibus ad vivum delineantur et describuntur, singulis eorum in plantas, flores et fructus collocatis; in quibus reperta sunt tum etiam generatio Ranarum, Bufonum, rariorum Lacertarum, Serpentum, Aranearum et Formicarum exhibetur;

omnia ad vivum naturali magnitudine picta atque descripta per M. S. Merian &c. &c.

Elle enlumina, avec sa facilité naturelle, plusieurs exemplaires qui semblent le disputer à la nature et à la peinture. Jean Marret, Docteur en Medecine à Amsterdam, fit paroître cet ouvrage en François à Amsterdam, in folio, avec les mêmes figures : l'auteur, dans une seconde édition, a augmenté cet ouvrage de quelques planches, avec leurs explications.

Sibylle Mérian consacra le reste de ses jours aux recherches de cette nature. Elle savoit bien qu'elle n'avoit pas achevé toute sa moisson à Surinam ; mais elle sentoit qu'elle étoit trop avancée en âge pour entreprendre un second voyage. Heureusement elle avoit une fille aînée, qu'elle avoit instruite dans cette science et qui l'avoit accompagnée dans son voyage de Surinam, où elle lui avoit été d'un grand secours. C'est elle qu'elle chargea de cette commission. Jeanne-Hélene, mariée à Jean Herold, qui faisoit un commerce à Surinam, entreprit ce voyage, dessina d'un œil attentif ce qu'elle trouva de plus intéressant, ajouta ses remarques et envoya le tout à sa mere. Celle-ci étoit intentionnée de publier ces nouvelles découvertes comme un supplément à son grand ouvrage. Mais prévenue par la mort, elle laissa ce soin à ses deux filles, Jeanne-Helene, née en 1668. et Dorothée-Marie, née en 1678. Cette dernière peignoit des fleurs er des insectes avec le plus grand succès. C'est elle qui a eu la gloire d'exécuter le projet de sa mere en publiant le supplément de son grand ouvrage. On a encore d'elle une dissertation sous le titre : *De Generatione et Metamorphosibus Insectorum Surinamensium.*

Les curieux, qui voudront se former une idée complette de toute l'étendue des connoissances et du génie de cette habile artiste, doivent consulter une de ces grandes collections qui renferment ses grands ouvrages. C'est surtout en Hollande, où l'on conserve encore la plupart des originaux, que l'amateur peut satisfaire sa curiosité. Vu l'importance du sujet nous avons donné un peu plus d'étendue qu'à l'ordinaire à cet article, en profitant des recherches de l'auteur de l'histoire des meilleurs Peintres Suisses, de Jean Caspar Fuefslin, qui a écrit avec un soin particulier la vie de cette femme extraordinaire.

Pierre Aubry, graveur au burin et marchand d'Estampes, né à Oppenheim vers 1596. et établi à Strasbourg, où il mourut en 1666. Ce Pierre Aubry, de qui nous avons un grand nombre de portraits des hommes célèbres modernes de toutes les nations, ne s'est distingué que par son assiduité au travail. Son plus grand éloge est, d'avoir instruit dans la gravure Jean-Jacques Thourneiser. Abraham Aubry, sans doute de la même famille, et aussi marchand d'estampes à Strasbourg, a été en tout inférieur à Pierre: aussi nous n'en ferons pas une plus longue mention.

1. Michael Virdunga Kittinga. Profess. à Altdorf. 1637. In 8.
2. Jean Schmidt. D. en Theologie. 1653. In 8.
3. Jean d'Autriche, Général Espagnol. In 4.
4. Bernard Duc de Saxe-Weymar, à cheval. In 4.
5. Olivier Cronwel, Protector Angl. In 4.
6. Ferdinand Ernest, Comte de Wallenstein. In 4.

M. de Heinecke, dans son Dictionnaire des Artistes, rapporte plusieurs centaines de portraits semblables de notre Pierre Aubry.

JEAN GUILLAUME BAUR, peintre à gouache ou en détrempe sur vélin, et graveur à la pointe, naquit à Strasbourg en 1600. et mourut à Vienne en 1640. Disciple de Frédéric Brentel, qui peignoit des petits tableaux en détrempe d'un extrême fini, il surpassa bientôt son maître par une supériorité de génie, une légéreté de main et une chaleur répandue dans tous ses ouvrages. Ayant passé en Italie, il trouva à son arrivée à Rome deux puissans protecteurs dans le Duc de Bracciano et le Prince Giustiniani, qui goûterent extrêmement sa maniere de peindre. Palais, Jardins, ruines, ports, étoient les objets de ses études. Il dessinoit la plupart de ses paysages à la Villa Madama, où sa vue étoit sans cesse frappée des plus beaux arbres, des plus superbes cascades et des plus magnifiques fontaines. L'envie de peindre des vaisseaux et des marines, lui fit entreprendre le voyage de Naples. Il ne resta pas longtems dans cette ville; l'amour pour une jeune Romaine lui fit quitter ce beau séjour. De retour à Rome il fit de nouvelles études a Frescati et à Tivoli qui lui fournirent de beaux fonds pour ses tableaux. — En 1637. Baur se rendit à Venise, où ses petits tableaux trouverent beaucoup d'approbation. Les vues de Venise, inserrés dans son œuvre gravé, nous prouvent qu'il n'y est pas resté oisif. Cependant l'Italie, ou Guillaume est resté si longtems, n'a jamais pu lui faire abandonner le goût de son pays, ni donner à ses figures, quoique pleines de feu et d'expression, plus de légéreté et de correction. De Venise il passa à Vienne, où l'Empereur Ferdinand III. le prit à son service, et mourut peu de tems après, âgé seulement de quarante ans. Il y en a qui le font dix ans plus jeune; mais ceux qui le font naitre en 1600. paroissent mieux fondés en raison. Le cabinet de l'Empereur est plus rempli des tableaux de Baur qu'aucun autre; tellement que la cour en a souvent fait des présents à d'autres cours.

C'est particulierement comme graveur à l'eau forte qu'il s'agit ici de faire connoître Baur. Les estampes nombreuses qu'on a de sa main, sont d'une exécution très-spirituelle, et rendues d'une pointe fine et légere. Il marquoit ses estampes de son nom et quelquefois de son chiffre composé WB.

1. Don Paolo Giordano II. Orsino Duca di Bracciano. Ovale gravée en 1636. Rare.
2—19. Suite de figures de mode et d'habillemens de différentes nations, avec son portrait à la tête, 18. pièces.
20—34. Suite de Batailles entre diverses nations, sous le titre: *Caprici di varie Bataillie*, en 15. pièces. p. in 4. en t.
35—48. Autre Suite de Batailles, en 14. pièces, y compris le titre. De même.
49—60. Suite de jolis Paysages, dont les quatre Elémens. 12. pièces in 8. en t.

61—80. Les figures ou les Batailles, pour l'Histoire de la guerre belgique, de Flaminius Strada, 20. grandes pièces.

Ces figures de Baur ont été faites pour la seconde édition; celle pour la premiere avoient été gravées pour le Bourguignon.

81. Les Métamorphoses d'Ovide, en 150. pièces gravées à Vienne et publiées en 1641. In 4. en t.

Melchior Küsell a copié plusieurs de ces Suites, et a donné en 1670. un Recueil des ouvrages de J. W. Baur sous le titre: *Iconographia, complectens in se, Passionem, Miracula, Vitam universam Christi, nec non Prospectus rarissimorum Portuum, Palatiorum, Hortorum, Historiarum aliarumque rerum quae per Italiam spectatu sont dignae.*

Michel le Blond, ou le Blon, orfèvre et graveur au burin, né à Francfort vers 1600, et mort à Amsterdam 1656. En 1626 il publia un Recueil de toutes sortes d'ornemens et de feuillages pour des armoires, ainsi que de fruits et de fleurs. Sa maniere de graver, qui est d'une grande finesse, ressemble beaucoup à celle de Théodore de Bry. Sandrart qui s'applaudit d'avoir connu le Blon à Francfort et d'en avoir reçu de bons conseils, nous apprend que la cour de Suéde le

J. ULR. FEANCK.

nomma son agent à Londres et à d'autres Cours. C'etoit, selon le même Sandrart, un des hommes le plus éloquent de son tems.

Son Chiffre est formé d'un M. et d'un B.

1. St. Jérome, pièce in 4.
2. Quelques figures dansantes, petit ovales entouré d'une bordure d'ornement M. Blondus. 1612.
3. Représentation d'une Noce, avec l'inscription à rebours: *D. Ni. Valleto Musarum.* M. Blondus 1615. Petit ovale.
4. Deux Armoiries, avec l'inscription: *Wilhelm van Weelichkeit.* — — In 8. en t.
5. Armoiries, avec trois gobelets, un croissant et trois écussons en lozange. Très-petite pièce.
6. Suite de Manches de Couteaux. Michael Blondus fecit. Amsteldami. 6. feuilles numerotées, gravées dans le gout des Arabesques et ornées de diverses figures.

Petites pièces d'une gravure précieuse.

HANS, ou JEAN ULRICH FRANCK, peintre et Graveur à la pointe, naquit à Kaufbeuren, ville impériale de Suabe, en 1603. et mourut à Augsbourg en 1680. Cet artiste mérite un rang distingué parmi les peintres d'histoire Allemands, surtout dans les petites figures. S'étant établi à Augsbourg, ses talens et sa probité lui firent obtenir le droit de citoyen dans cette ville. Il a traité l'eau forte en peintre avec beaucoup d'intelligence. L'art s'est perpetué dans sa famile. Son fils aîné, fut un bon peintre de portraits et son fils cadet pratiqua la gravure, et publia, avec Susanne Sandrart et Jean Meyer de Zurich, un Recueil des plus beaux jardins de Rome et de ses environs.

1—4. Quatre pièces de Combats entre des Cavaliers. Hans Ulrich Franck. f. 1643. In 4. en t.

5. David trouvant Abigaïl sur son chemin, la reçoit en grace et accepte ses présens. In fol. en t.

6. Aléxandre rencontrant Darius mourant, le pleure et le couvre de son manteau. 1644. In fol.

I. JOACHIM SANDRART, peintre, et graveur et auteur, naquit à Francfort sur le Mein en 1606. et mourut à Nuremberg en 1688. Il apprit les principes du dessin dans le lieu de sa naisance, de Théodore de Bry et de Matthieu Mérian. Sandrart a mené une vie assez ambulante: à l'âge de quinze ans il fut à pied à Prague pour apprendre la gravure sur cuivre sous Gilles Sadeler, qui lui conseilla de troquer le burin pour le pinceau. Ayant suivi ce conseil il se rendit à Utrecht, où il fréquenta l'école de Gerard Honthorst, qui le mena avec lui en Angleterre. Pendant son séjour à Londres, il peignit pour le Roi. De-là il passa à Venise, et y étudia le Titien et Veronese. Ensuite il alla à Rome, où s'étant fait connoître, il peignit un des douze tableaux que le Roi d'Espagne faisoit faire en Italie par les plus habiles maîtres du tems. Ainsi Sandrart eut l'honneur de peindre en concurence avec le Guide, le Guerchin, Lanfranc, le Cortone, le Poussin et d'autres. De retour en Allemagne il travailla quelque tems à Augsbourg et s'établit enfin à Nuremberg en 1673. Ce fut là qu'il publia différens ouvrages, surtout son Académie Allemande des Beaux-Arts, livre qui fut longtems le meilleur ouvrage sur les arts en général. Les Galeries des Princes et les Eglises en Allemagne, attestent son application et son habileté. Sandrart qui a peint le portrait et l'histoire, passera toujours pour un homme de mérite, quoiqu'on puisse dire de lui en le jugeant à la rigueur, qu'il avoit plus de science que de génie.

Plusieurs graveurs, entre autres Richard Persyn, François van Stein, Théodor Mathan, Jonas Suyderhoef, Jérémie Falck, Michel Natalis, &c. ont gravé d'après ses tableaux. Lui même a gravé à l'eau forte quelques morceaux de sa composition, et d'après d'autres maîtres.

1. Cléopâtre se faisant piquer le sein par un aspic. In 4.
2. Une Vieille qui regarde un Amour qui pisse. In 4.
3. La Déesse Flore, à mi-corps. Titiano pinx. Joach. Sandrart incid. et exc. Amst. In 4.

II. JAQUES DE SANDRART, graveur au burin, naquit à Francfort en 1630. et mourut à Nuremberg en 1708. Neveu de Joachim, il apprit la gravure à Amsterdam chez Corneille Dankerts, et à Danzig chez Guillaume Hondius. En 1656. il vint à Nuremberg, où il prit un établissement, & où il fut chargé avec Elie Goedeler, de la direction de l'Académie de Peinture fondée nouvellement en cette ville. Jacques passe pour un artiste très-laborieux; il a gravé plus de 400. portraits, où il règne beaucoup de propreté. Les amateurs ne rendent pas à ces portraits la justice qu'il méritent: s'ils étoient plus rares, ils seroient plus recherchés. En outre il publia un grand nombre de Cartes Géographiques, et se trouva à la tête d'un commerce considérable d'estampes et d'autres objets de curiosités.

1. Buste de l'Empereur Rodolphe II. couronné de laurier, dans une bordure. P. in fol.
2. Buste de l'Empereur Ferdinand II. Dans une bordure. P. in fol.

3. Buste de l'Empereur Ferdinand III. dans une bordure. P. in fol.

4. Buste de Fréderic, Prince de Norwege, Duc de Slesvic &c. dans une bordure. P. in fol.

5. Johannes Michael Dilherrus, Theologus. Figure à mi-corps. Rodolf Wernfels ad vivum pinx. P. in fol.

6. Joachimus a Sandrart, *Seculi nostri Apelles*; figure à mi-corps, Jacobus Sandrart, Calcographus Noric. In fol.

7. Ermuth — Sophie, Princesse Electorale de Saxe, Margrave de Brandebourg, à Magdebourg &c. &c. Gr. in fol.

8. Ferdinandus Maria, utriusque Bavariae et Palatinat. superioris Duc. Gr. in fol.

9. Princeps Joachimus Abbas Fuldensis etc. G. C. Eimart pinx. 1653. Gr. in fol.

10. Joannes Paulus Auer, Pictor Norimb. honoris et amoris ergo, sculps. Joachimus de Sandrart junior 1688. Gr. in fol. Ce portrait est du fils cadet de Jacques Sandrart.

III. JEAN-JACQUES DE SANDRART, fils de Jacques dessinateur, et graveur à la pointe et au burin, naquit à Ratisbonne en 1655. et mourut à Nuremberg en 1698. Son pere le forma dans les principes des arts du dessin, et il jouit des instructions de son grand-oncle, Joachim Sandrart. Il inventoit avec facilité et gravoit à l'eau forte avec goût. On a de lui une grande quantité de portraits retouchés au burin et d'une bonne exécution. Les ouvrages de son grand-oncle Joachim sont orné d'un bon nombre de ses gravures d'une exécution spirituelle.

1. Portrait historié d'Elisabeth Henriette, Princesse de Brandenburg. Adam le Clerk pinx. In fol.
2. Portrait de Silvius Jacob de Dunkelmann. Id. p. In fol.
3. Ste. Famille. Joachim Sandrart pinx. J. J. Sandrart sc. In fol.
4. Enée sauvant son père Anchise de l'embrasement de Troie. Raphael pinx. J. J. Sandrart del. et sc. Novembr. 1682. Gr. in fol.
5. Marphorius, ou la statue du Rhin sous les ruines d'un édifice. De l'Académie de Sandrart. J. J. Sandrart fec. aqua forti. In fol.
6. Le Nil couché au pied des ruines d'un monument. Ibid. Id. fec. In fol.
7. 8. Deux sujets sur l'Origine de la Peinture, ornés des bustes d'Apelle et de Zeuxis, avec les exemples des Chaldéens qui dessinent aux rayons du soleil, et la fille de Dibutade qui crayonne l'ombre de son amant sur une muraille. Joachim de Sandrart inv. J. J. Sandrart sc. In fol.
9. 10. Deux sujets des Coutumes et des Amusemens des anciens Germains, servant d'ornemens au Roman d'Arminius et de Thusnelda, de Lohenstein. Id. del. gr. in 4.

IV. SUSANNE-MARIE DE SANDRART, graveuse à la pointe et au burin, née à Nuremberg en 1658. et morte dans la même ville en 1716. Fille de Jacques et soeur du précédent, elle apprit les principes du dessin et de la gravure de son pere. Elle composa un grand nombre de dessins et d'estampes, dont son mari, Wolf Maurice Endter, fameux libraire à Nuremberg, fit un Recueil en un volume in folio et le déposa à la Bibliothéque de la Ville.

1. Gabrielis Carola Patina, dans une bordure ovale formée de traits d'écriture. *Susanna Maria, Jacobi Sandrarti filia, effigiam hanc fecit* 1682. Petit in fol.

2. Bacchanale, avec l'inscription: *Immoderatum dulce Amorum. Susanna - Maria, Jacobi Sandrarti filia fecit.* In fol. en tr.

3. L'Assemblée des Dieux sur le Mariage de Cupidon et de Psyche. Raphael inv. Id. fec. I. Sandrart excud. En deux feuilles en t. p. in fol.

4. La Noce Aldobrandine, d'après Piètro Santo Bartoli, pour l'Académie de Sandrart. Gr. in fol. en tr.

WENCESLAS HOLLAR, dessinateur et graveur à l'eau forte, naquit à Prague en 1607. et mourut à Londres en 1677. Gentilhomme comme Callot, il eut comme celui-ci la passion des arts du dessin. Ayant perdu toute sa fortune au commencement des troubles de la Bohème, ou de la guerre de trente ans, il quitta son pays et se retira à Francfort sur le Mein, où il se perfectionna dans la gravure à l'eau forte sous Mérian. Il mena une vie fort errante, et il eut toujours à lutter contre la fortune. Le Comte d'Arundel, fameux curieux, ayant rencontré Hollar dans son voyage en Allemagne, le prit sous sa protection, le mena avec lui en Angleterre et le recommanda à Charles I. Il grava un grand nombre de pièces de la collection du Comte. Son sort commençoit à changer en mieux, lorsque la guerre civile éclata dans ce royaume. Il fut arrêté prisonnier avec plusieurs autres du parti royal. Echappé avec peine, il se retira à Anvers, où il retrouva son ancien protecteur le Comte d'Arundel; qui s'étant rendu en Italie, laissa Hollar dans la plus grande detresse. Obligé de travailler pour les marchands d'Estampes et les libraires, qui profitoient de sa triste situation, il gagnoit à peine de quoi s'entretenir. Au rétablissement de Charles II. Hollar retourna en Angleterre, sans y trouver la fortune plus prospere. Les marchands d'estampes et les libraires de Londres ne furent pas plus équitables que ceux d'Anvers. Pierre Strut, qui faisoit un grand commerce d'estampes à Londres, lui paya la somme modique de trente Shellins pour le dessin et la gravure de la Vüe de Greenwich en deux grandes planches. Le pauvre Hollar eut la sort d'Elsheimer: il véqût dans la misere ; après sa mort ses ouvrages furent recherchés avec empressement, et telle epreuve a été souvent payée plus chere que ne l'avoit été la planche.

Hollar passe pour un des artistes qui à le mieux imité avec la pointe le beau fini du burin & qui a traité l'eau forte avec la plus grande intelligence. Il excella dans le paysage, les animaux, les insectes, les coquilles, les fourrures. On estime encore plusieurs de ses portraits; mais il ne réussit pas également à rendre les grandes compositions des fameux maîtres d'après lesquels il a gravé. Son dessin dans les figures humaines est souvent défectueux ; les contours en sont incorrects et les extrémités rendues sans finesse. Son œuvre est considérable; les pièces qui le composent montent à près de 2400.

Il marquoit la plupart de ses estampes de son nom, et souvent avec la date, ou avec son chiffre. Voici les principales pièces de son oeuvre.

A. *Sujets divers de son invention.*

1. Wenceslaus Hollar. Aetatis 40. 1647. Ovale dans un cartouche. P. in 4.
2. Vue de la Fontaine de Spaa, ornée de différentes personnes qui prenent les eaux. In4. en t.
3. 4. Vue de la Ville de Londres, avant et après le grand incendie de 1666. en deux feuilles. Avec une explication angloise. 1666. Gr. p. en travers.

5. *Castrum royale Londinense*, vulgo: The Tower. In fol. en t.

6. *Byrsa Londinensis*, vulgo: The Royal exchange. De même.

7. *Sala regalis cum Curia Westmonasterie*, vulgo: Westminster hall. De même.

8. *Palatium Regis prope Londinum*, vulgo: White-'hall De même.

9—32. Jolies petites Vues de diverses contrées d'Allemagne, en 24. pièces, très-petites en t.

33. Le Portail et la Tour de la Cathédrale de Strasbourg. P. in fol.

34. Portail et Tour de la Cathédrale d'Anvers. Gr. in fol.

Pièce capitale dont les premières épreuves sont avec une seule ligne d'écriture au bas et avant la triple taille qui se voit sur la maison qui est à droite.

35—40. Six Vues de la Ville de Tanger et de ses environs, avec le titre: *Divers Prospects in and abut Tangier*. 1673. In 4. en t.

Rare.

41—44. Quatre Vues près d'Albury en Surry. 1645. In 4. en t.

45—48. Les quatre Saisons, figurées par des femmes angloises, à mi-corps, dans le costume du tems. 1641. Petit in fol.

49—52. Les quatre Saisons, figurées par des Dames angloises, en pied, dans le costume du tems. 1643--1644. De même.

53—104. Habillement et Costumes de diverses femmes de l'Europe, en 52 pièces in 12. gravées en 1642. 1643. 1644.

Suite trés-rares et très amusante.

104—116. Suite d'Insectes portant pour titre: *Muscarum, Scarabeorum, Verminumque variae figurae et formae — Antverpiae, Anno 1646.* 12. feuilles y compris le Titre. De la Collection du Comte d'Arundel. In 12. en t.

Rare.

117. Une Taupe morte. 1646. In 8. en t.

Rare.

118. Un Eléphant, avec un Chameau, deux Singes et deux Ours. Gr. in 4. en t. Sans marque.

119. Un Manchon. 1647. In 8.

Rare.

120. Plusieurs Manchons, Mouchoirs brodés, Gants, et Evantails &c. 1647. In 4.

Rare.

121. Cinq Manchons, avec les mains dedans. 1645. 1646. In 8.

Rare.

B. *Sujets divers d'après differens maîtres.*

122. Paysage d'hiver, où se voit dans une étable la Nativité, avec quantité de Villageois. Aug. Braun pinx. 1644. P. in fol. en t.

123. La Vierge, dans un paysage, allaitant l'enfant Jésus, et caressant le petit St. Jean. Jean Rotenhamer pinx. Gr. in 4.

124. Une Ste. Famille. Perin del Vaga pinx. Gr. in 4.

125—137. Les Charges de Leonard da Vinci portant pour titre: *Variae figurae et probae artem picturae inci-*

piendae inventuti utiles. 1645. 13. petites pièces de différentes formes.

Rare.

138—145. Les Emblêmes d'Ottovenius, portant pour titre: Emblemata nova — W. Hollar, Bohemus aqua forti expressit, London. 8. petites pièce y compris l'intitulé.

Rare.

146—158. Différentes Chasses et Pêches, portant pour Titre: *Severall Wayes, of Hunting, Hawking and Fisching, according to the English Manner. Invented by Francis Barlow.* 1671. 13. pièces in 4. en t.

159—178. Jeux d'Enfans, recueillis sous le titre, *Paedopagniou sive puerorum ludentium Schemata varia &c.* 20. pièces, y compris les portraits de George d'Etenhard et de P. van Avont, l'inventeur. 1647. In 4. en t.

179. La Madeleine dans le desert, à genoux devant un Crucifix. P. van Avont pinx. Gr. in fol. en t.

Beau paysage. Rare.

180. Paysage avec un troupeau de moutons dans une plaine. P. van Avont pinx. 1644. In 4. en t.

181. Paysage, sur le devant une pièce d'eau où il y a deux cignes. J. van Artois pinx. 1649. In 4. en t. La suite et de 13. pièces.

182. Vues de Tyr, avec l'inscription: *Tyrus by Sidon.* J. Peeters pinx. In 4.

183. Vue de Hollande, avec l'inscription: *Dordrecht.* Id. pinx. De même.

184. Vues des environs de Bruxelles. *Buyten Brussel:* J. Breughel. pinx. 1650. In 4.

185. Vue de Flandre. Willebroek by Boom. Id. pinx. In 4.

186. Le Lièvre pendu par la patte, et de la Vollaille. Peter Boel pinx. In fol.

Rare.

187. L'Amour endormi au pied d'un arbre. Fr. Parmigiano. inv. P. in 4.

188. Hercule enfant au pied d'un arbre, sa massue entre les jambes. Id. inv. P. in 4.

189. Zaleucus maintient sa loi contre l'adultere, et sauve un œil à son fils, en s'en faisant créver un pour ce fils coupable. Jul. Romanus inv. Pièce à cinq angles, gr. in fol. en t.

190. Le Calice de Communion. *Tabulam hanc olim ab Andrea Mantenio cum penna delineatam.* Du Cab. du Comte d'Arundel. 1640. Gr. in fol.

Rare.

191. Mausolée du Comte d'Arundel. Dédicace latine. In fol.

Rare.

C. *Portraits de diverse forme et grandeur.*

192. Philippus IV. Hispaniarum — Rex Catholicus. 1652. G. in 4.

193. Anna Maria Austriaca, Hispaniarum — Regina. 1652. Même Grandeur.

194. Princeps Maria, Henrici VIII. Regis Angliae Filiae. H. Holbein pinx. In 8.

185. Henriette Marie de France, Reine d'Angleterre, femme de Charles I. A. v. Dyck pinx. 1641. In 8.

Portrait qui n'est pas achevé.

196. Johanna Seymour Regina — Edwardi VI. mater. De la Collection du Comte d'Arundel. H. Holbein pinx. 1648. In 8.

197. Henricus Howardus, Comes Surriae. Ibid. Id. pinx. P. in fol.

Rare.

198. Thomas Howardus, Comes Arundeliae. Ibid. A. van Dyck pinx. 1646. P. in fol.

199. Dr. Chambers, anno aetatis suae 88. Ibid. 1648. P. in fol.

200. Elisabetha Villiers, Ducessa de Lenox. A. van Dyck pinx. P. in fol.

201. Maria Stuart, Comitessa Portlandiae. Id. pinx. 1650. In fol.

202. Hieronymus Westonius, Comes Portlandiae. Id. pinx. 1645. In fol.

203. Joannes Malderus, Episcopus Antverpiensis. Id. pinx. 1645. In fol.

204. *Vera effigies Joannis Holbeinii Basiliensis Pictoris — anno* 1543. *Act.* 45. *se ipse* pinx. De la Collection du Comte d'Arundel. In 8.

Rare.

205. Johannes van Balen, Peintre. Se ipsum pinx. In 8.

206. Stefano de la Belle, Peintre et Graveur. H. Stocade pinx. In 8.

207. Bonaventure Peeters, Peintre d'Anvers. Joannes Meyssen pinx. In 8.

208. Raphael d'Urbin, en buste, dans sa jeunesse la main sur la poitrine. Titianus pinxit. La tête est gravée par Hollar, le reste par Pontius. In 4.

Un des beaux portraits de Raphaël.

209. Pierre l'Aretin. *Questo e l'etro Aretino, Poeta Toscano.* — Titianus pinx. 1647. In 4.

210. Ritratto di Daniel Barbaro, *Homo conspicuus*. Id. pinx. 1650. In fol.

211. Ritratto di Monsignore Giov. della Casa. Id. pinx. 1649. In fol.

212. Buste d'un Vieillard à longue barbe, regardant avec complaisance une jeune Femme. J. Huisman inv. 1635. In 12.

213. Thomas Earle of Arundell, et Henry Baron Mouwbray, deux portraits sur une planche. Petites ovales, en travers.

214. The illustrious Prince Rubert, Count Palatine. General of the Horse to King Charles. 1643. Petite pièce.

215. Tête d'une jeune personne, ornée d'un médaillon entouré de perles et de fleurs. D'après le Parmesan. Très-petite pièce.

216. Tête d'un Négre. 1635. Très-petite pièce.

217. Buste d'une Femme, les cheveaux flottans, le front paré d'une houpe noire, et derriere la tête une coiffe pendante. 1643. Très-petite pièce.

218. Buste d'une jeune Femme, portant un bonnet fourré et une espèce de guimpe. 1645. Très-petite pièce en rond.

Voyez l'article Hollar dans le Catalogue raisonné du Cabinet d'Estampes de Brandes.

JEAN-HENRI SCHOENFELD, peintre d'histoire, naquit à Biberach en Suabe en 1609. et mourut à Augsbourg vers 1675. Il apprit les principes de son art chez Jean Sichelbein, peintre peu connu d'ailleurs. Aussi

Schoenfeld ne dût-il ses talens qu'à lui même. Par la contemplation et l'étude des meilleurs tableaux qu'on rencontre dans les principales villes d'Allemagne il devint un habile peintre. Il se rendit à Rome, ou ses connoissances dans le dessin et la peinture lui procurerent de l'occupation; dans le palais Orsini et à l'eglise de Santa Lisabeta de Fornari, on lui confia quelques ouvrages dont il se tira avec honneur. Il peignit jusque dans un âge avancé; les Villes de Lyon, de Munich, de Vienne, de Salzbourg et plusieurs autres endroits de l'Allemagne, conservent de ses tableaux. Sa maniere de peindre a de la force et de l'expression; on lui reproche d'avoir tenu ses figures dans une proportion trop longue et trop décharnée. Il a peint l'histoire et le portrait, mais surtout il a fait de beaux paysages qu'il à ornés de figures et d'architecture qu'il entendoit très-bien. Il s'est fixé à Augsbourg, où Barthélemi Kilian à gravé son portrait. Ehinger, Wolfgang, Kusel, les Kilians et d'autres ont gravé d'après lui. En 1626. il a gravé à l'eau forte quelques petites têtes.

1. Un Christ avec une main levée. In 4.
2. Bacchanale d'Enfans, avec un autel au Dieu Pan. H. Schoenfeld fecit. In fol. en tr.

3. Pastorale, avec un Berger jouant du chalumeau, et une Bergere tenant un triangle. Sans marque. In 4. en t.

4. Paysage agreste, avec une figure assise sur la pointe d'une rocher au bord d'une riviere. Petit in fol.

Adrien von Ostade, peintre et graveur à l'eau forte, naquit à Lubeck en 1610. et mourut à Amsterdam en 1685. Il vint jeune à Harlem, ou il frèquenta l'école de François Hals. Adrien s'y forma un bon goût de couleur, prit la manière dn pays, et résolut de s'y établir. La nature guida son pinceau dans tout ce qùil entreprit, mais toujours la nature basse; les paysans, les yvrognes, parmi lesquels il se plaisoit. Ce sont toujours des tabagies, des cabarets, des cuisines, des étables. C'est peut-être un des peintres dans ce genre qui ait le mieux entendu le clair-obscur; on ne peut rien voir de plus beau que ses tableaux d'écuries. La lumiere y est répandue si judicieusement, que le spectateur en est frappé; tout ce qu'on pouroit demander à ce maître, seroit un dessin plus léger et des figures moins courtes.

Il exerça longtems son art avec le plus grand succès dans la ville de Harlem, lorsque l'approche des troupes Françoises l'allarmerent tellement en 1572. qu'il résolut de retourner dans son pays. Pour cet effet il vendit ses meubles et ses tableaux, et se rendit à Amsterdam pour s'embarquer. Là il trouva un amateur, qui l'engagea d'accepter un logement dans sa maison. Ostade gagné par d'aussi bonnes manières, abandonna le projet de son voyage, et il ne quitta plus Amsterdam.

Les tableaux de ce maître ne sont pas égaux; les médiocres, qu'on lui attribue mal-à-propos, sont de son frere Isaac von Ostade qui étoit son éleve et qui peignoit dans la même goût sans avoir jamais pu atteindre à l'excellence d'Adrien. Un de ses tableaux, du Cabinet de M. Gaignat, représentant une métairie, fut poussé à la vente de ce Cabinet jusqu'à 10800. L.

Ses gravures à l'eau forte méritent, à peu de choses près, les mêmes éloges et les mêmes censures: ce sont d'excellentes copies d'une nature triviale. Leur plus grand mérite consiste dans la gaieté des sujets et dans la vérité de l'expression. Quelquefois, mais plus rarement, il a su tirer un bon parti de ce clair-obscur qui est si séduisant dans ses tableaux. Ces estampes, au nombre de 54. pièces, tant grandes que petites, ont été publiées sous le titre: *Het Werk van Adrian van Ostade*, petit in fol. Les anciennes épreuves sont tres-recherchées. D'ailleurs un grand nombre des

A. VON OSTADE.

meilleurs graveurs de toutes les nations ont encore travaillé d'après Ostade; ce qui augmente son oeuvre de plus d'une centaine de pièces. Parmi les estampes originales d'Ostade on distingue les suivantes:

1. Le Peintre peignant à son chevalet, dont les premières épreuves sont avec le bonnet élevé, les secondes sont avec le bonnet presque sur les yeux. Petit in fol.

2. Famille de Paysans, occupée à tuer un cochon devant la chaumiere. P. in 4. en rond.

    Effet de nuit d'un beau clair-obscur.

3. Famille de Paysans, disant le Bénédicité 1647. Petit in 4.

    D'une bonne expression.

4. Trétaux d'un Saltimbanque, entourés de Paysans. Pièce ceintrée, p. in 4.

5. Cabaret de Village, à la porte duquel un homme est assis la pipe à la main, avec d'autres figures villageoises. P. in 4.

6. Un Savetier travaillant dans sa boutique, devant laquelle est assis un paysan qui fume. 1671. P. in 4.

7. Un Paysan sur un pont, péchant à la ligne. In 4. en tr.

8. L'Intérieur d'un Cabaret, où plusieurs paysans et paysannes se divertissent à boire et à danser, sur le devant une escabelle renversée. In 4. en tr.

9. L'Intérieur d'une Maison rustique, où se voit toute une famille, dont la mere donne à tetter à un de ses enfans. In 4. en tr.

10. Des Paysans, qui veulent se battre à coups de couteaux. In 4.

11. Maison rustique, bâtie sur une hauteur; devant la porte est assise une femme qui file et qui cause avec un homme debout; à leurs piéds un enfant 1652. In 4.

12. Compagnie de Paysans sous une treille dans l'obscurité de la nuit: un chante, en tenant une feuille de papier, et un autre l'éclaire avec une chandelle. In 4.

13. Fête de Village, où des paysans se divertissent, et où se voit un cochon sur la droite.

14. Fête de Village, où des paysans se divertissent devant un cabaret. In fol. en t.

Le plus grand morceau gravé par Ostade.

15—18. Quatre sujets rustiques: 1) Deux Paysans, l'un debout un verre à la main, et l'autre allumant sa pipe: 2) Trois Paysans qui boivent et qui fument devant une cheminée. 3) Paysan cheminant avec une Vieille. 4) Joueurs de tric-trac, et une homme assis devant une fenêtre ouverte. Petites pièces de 3. p. de haut, sur 2. p. 2. l. de large.

19—28. Suite de dix pièces de petites figures, portant pour titre: 1) Marchand de balai. 2) Waerheyt. 3) Utsoyper. 4) Bedrieger. 5) Patiencie. 6) Liefde. 7) Hennetaster. 8) Gorttentelder. 9) Luissevanger. h. 1. p. 9. l. — l. 1. p. 4. l.

Cette suite, avec le chiffre d'Ostade et la date de 1647. est gravée avec beaucoup d'intelligence.

CONRAD MEYER, Peintre, Dessinateur et Graveur à l'eau forte, naquit à Zurich en 1618. et mourut dans la même ville en 1689. Il étoit le fils cadet de Dietrich ou de Théodore Meyer, et treize ans plus jeune que

C. MEYER.

son frere Rodolphe, très-habile artiste, mais d'une constitution si foible qu'il mourut à l'age de 33. ans. Conrad apprit les principes de l'art de son pere et de son frere. Après avoir voyagé en Allemagne, il travailla quelque tems à Francfort chez Matthieu Mérian, l'ami particulier de la famille des Meyer. Conrad peut être rangé dans la classe des artistes les plus laborieux. En fait de peinture on a de sa main un grand nombre de portraits, de sujets historiques et de paysages, sans parler d'une quantité de dessins. Indépendamment de cela, il composa une quantité bien plus considérable encore de gravures à l'eau forte, consistant en portraits, en histoires, en paysages et en emblêmes. Sa méthode de graver à l'eau forte, etait au vernis mou, methode qu'il tenoit de son pere et qui fut adoptée par Mérian, comme il a été dit ci-devant. Il est à remarquer, que cette maniere de préparer le cuivre a prévalu; les artistes d'aujourd'hui se servent du vernis mou, au lieu du vernis dur, employé anciennent par Jacques Callot, Abraham Bosse et d'autres. Caspar Fuefslin, qui s'est attaché à faire l'œuvre de Meyer, a recueilli 900. pièces; mais il avoue, qu'il est encore bien éloigné d'être complet. Voici le Catalogue qu'il en a donné.

S

C. Meyer.

1. 30. Portraits des Bourguemaitres de Zurich.
2. 20. Portraits des Ministres de l'Evangile de Zurich.
3. 40. Portraits de Laïques et d'Artistes, dont quelques uns sont gravés par son pere et par son frere.
4. 103. Portraits de Reformateurs, d'Ecclésiastiques et de Savans.
5. 61. Gravures de la Danse des Morts, en partie inventée par Rodolphe, en partie par Conrad, avec une préface, des vers et des cantiques &c.
6. 15. Gravures sous le titre: Miroir de Chrétien, ou avis importans sur les devoirs de tous les états. Avec des vers.
7. 25. Gravures de Figures caractéristiques, accompagnées d'avis édifians, partie en vers, partie en sentences de l'Ecriture Sainte.
8. 26. Gravures de Jeux d'Enfans, pour faire des réfléxions sérieuses, en vers.
9. 10. Gravures, les Degrés de l'âge de l'Homme, avec des vers et un Frontispice.
10. 122. Gravures historiques du Nouveau-Testament.
11. 5. Grands morceaux de Gravures sur la Comparaison des tems présens avec ceux de Loth & de Noé, le Jugement dernier, le Déluge et Memento Mori.
12. Livre d'Armoiries, représentant les écus des familles nobles et bourgeoises de la ville de Zurich. Ouvrage commencé par Meyer le pere et fini par Meyer le fils.

Outre les estampes, que nous venons d'indiquer, il se trouve encore de sa main un nombre considérable de Vues, de Paysages, d'Histoires, d'Ornemens, de Saints, de Héros, de Vertus et d'Emblêmes.

L. VON SIEGEN.

Conrad Meyer laissa deux fils. L'aîné, Dietrich, fut un habile Orfèvre; le Cadet, peintre et graveur à l'eau forte comme son pere, travailla avec succès au grand ouvrage sur la Peinture, de Sandrart.

Louis von Siegen ou Sichem, Lieutenant-Colonel, au Service du Landgrave de Hesse-Cassel, né vers 1620. inventeur de la Gravure en Manière noire. Il florissoit en 1643. C'est à cette époque que nous avons cru devoir placer cette nouvelle invention. D'ailleurs les circonstances de la vie de l'inventeur, ne nous sont pas connues; nous savons seulement, qu'il enseigna la Manière noire, ou le Mezzotinto, au fameux Prince Palatin Robert. Nous avons de Siegen le portrait d'Amélie Elisabeth, Landgrave de Hesse-Cassel, sous le titre:

1. Amelia-Elisabeth, Cassiae Landgravia. L. a. S. 1643. In fol.
2. Sainte Famille, où se voit St. Joseph tenant des Lunettes. D'après le Carrache. In fol.

Robert, Prince Palatin du Rhin, si connu en Angleterre par sa bravoure et par son attachement à la cause de Charles I. né vers 1620. Après le malheur de ce Prince, Robert passa en France, puis en Allemagne, où il apprit la gravure en maniere noire du Lieutenant-Colonel de Siegen. Charles II. ayant remonté sur le trône, appella Robert auprès de sa personne et le combla de faveur. Ce fut à ce voyage en Angleterre, que ce Prince communiqua son secret de la gravure en Maniere noire à quelques artistes de Londres. Les commencemens ne sembloient pas promettre grand' chose par l'incapacité des graveurs. George White, John Smith et quelques autres, furent les premiers qui se distinguerent dans ce genre. Depuis ce tems cette manière de graver a été porté par les Anglois, à un point de perfection, qu'il n'est guerre possible d'aller plus loin: aussi l'appelle-t-on par excellence la Manière Angloise. Le Prince Robert mourut à Londres, en 1682. Amiral d'Angleterre. Les sciences et les arts avoient toujours été pour lui des objets de délassement.

Nous rapporterons sa marque à la fin du volume.

1. Le Prince Robert ou Rupert en habit militaire, tenant une arme d'hast. Rup. P. fec. 1656. P. in fol.
2. La Madeleine en contemplation. *Rupertus D. G. C. P. D. B. Princeps Imperii animi gratia lusit. M. Merian pinxit.* In fol.
3. Un Exécuteur tenant d'une main un glaive et de l'autre une tête coupée, apparament la tête de St.

Jean, demi-figure, d'après Spagnoletto; sur le glaive se trouvent les lettres R. P. F. 1658. La premiere lettre est surmontée d'une couronne. In 4.

JEAN-FRANÇOIS ERMELS, Peintre et Graveur à la pointe, né aux environs de Cologne en 1621. et mort à Nuremberg en 1693. Dans les sujets historiques il imitoit Jean Holzmann, et dans le paysage Jean Both. Vers 1660. il vint à Nuremberg, où il peignit une Résurrection pour l'église de St. Sébald. Peu de tems après il s'appliqua entierement au paysage. Son travail est un peu obscur, mais sa composition et le feuiller de ses arbres réparent richement ce défaut. On connoît de lui plusieurs paysages ornées de Ruines et d'Animaux, touchés d'une pointe très-spirituelle.

1. Paysage avec des Monumens antiques, et au milieu un taureau. F. Ermels fecit 1697. P. in 4. en tr.
2. Paysage avec des roches et une vache couchée.
Deux Pastorales qui font pendans.
3. Paysage, où se voit une Faune et une Bacchante. Id. fec. P. in 4.
4. Paysage où se voit un Dessinateur auprès d'un Monument antique. Id. fec. P. in 4.
5. Paysage orné de Ruines et d'Animaux avec une Bergere couchée. Id. fec. 1697. In 4.
6. Paysage, avec un Berger qui donne à manger à son chien.
Deux Pastorales qui font pendans.

Math. Kusell.

I. MATTHIEU KUSELL, Dessinateur, Graveur au burin et à la pointe, naquit à Augsbourg vers 1621. et mourut en 1682. Il travailla avec autant d'application que de succès à Augsbourg et à Munich, et mit au jour un grand nombre de portraits d'une savante exécution. On estime également ses eaux fortes.

1. Christophorus Bender, Praetor Reipubl. Francofurtensis. Pfannenstiel del. In 4.
2. Carolus Sulzer, Patricius Augustanus, Reipubl. Patriae Praetor. J. Ulrich Mayr p. In fol.
3. Adolphus Zobelius, Patricius Augustanae. J. Beyschlag pinx. In fol.
4. Andreas Winkler, Hereditarius in Doelitz, Lipsiensis. Gr. in fol.
5. Johannes Michael Dilherrus, Themara-Francus, Theologus, Philologus, Philosophus et Polyhistor. Dans une bordure octogone ornée de 16. Médaillons de Peres de l'Eglise et de Théologiens anciens et modernes. J. Ulr. Mayr pinx. Gr. in fol.

Rare.

6. Leonardus Weissius, Reipubl. Augustanae Duumvir. Joh. Werner pinx. Gr. in fol.

Belle tête, presque grande comme nature.

7. Franciscus Augustinus à Waldstein, Equ. S. Joannis Hierosolymitani. Mat. Küsell fec. gr. in fol.
8. Décorations, ou Scene de l'Opéra: *Il Pomo d'oro*. Ludovico Burnacini inv. 42. pièces gravées à l'eau forte par Mat. Küsell 1668. In fol. en tr.

9. Piis Manibus Ferdinandi Caroli, A. A. clementis, munifici, fortis, pii, felicis. Très gr. in fol.

II. MELCHIOR KUSELL, Dessinateur, Graveur au burin et à la pointe, frere de Matthieu, naquit à Augsbourg vers 1622. et mourut dans la même ville en 1683. Melchior apprit les élémens de son art dans sa ville natale; puis il alla se perfectionner sous Mérian à Francfort, où il devint son gendre, et où il travailla pendant plusieurs années. Après la mort de son beaupere il retourna à Augsbourg. Il y publia un grand nombre d'estampes au burin et à la pointe, parmi lesquelles on estime surtout celles qu'il a gravées dans cette derniere manière, et qui sont pour la plûpart d'après Wilhelm Baur. On connoit cette suite, composée de 148. pièces, sous le nom des Miniatures de l'Empereur. On trouve dans ces pièces une propreté infinie, un accord parfait et une exécution charmante; et on peut avancer hardiment qu'on n'a rien de mieux dans ce genre.

1. Sebastianus Kirchmajerus, Professor public. Ratisbonensis. Benj. Block pinx. 1680. Ratisbono. In 4.
2. Johannes Hozius, Augustae Consul. sculpsit et dedic. Melchior Küsell Aug. In fol.
3. Maximilianus Curz, Lib. Baro in Senfftenu. 1658. In fol.

4. Antonius Schottius, Joh. Georg. III. Elect. Saxon. intim. Consil. 1680. In fol.

5—29. La Passion de notre Seigneur Jésus-Christ, d'après P. Baur. 25. pièces in fol. en tr.

30—45. Paysages d'Italie et d'autres pays, d'après le même. 16. pièces. Petit in fol. en tr.

46—62. Différens Ports de mer, ou Marines d'Italie, d'après le même. 17. pièces, p. in fol. en tr.

63—80. Vues de Jardins et des Maisons de plaisance d'Italie, d'après le même. 18. pièces. In fol. en tr.

81—120. Suite de différentes Vues d'après le même. en 40. pièces, publiées par M. Küsell, en 1681. In fol. en tr.

III. JEANNE - SIBILLE KUSELL, Graveuse, née à Augsbourg en 1646. et morte dans la même ville en 1717. Sibylle, la plus habile des trois filles de Melchior, avoit épousé le Graveur Jean Ulrich Kraus. Après avoir aidé son pere dans ses entreprises, elle aida de même son mari.

1—4. Quatre pièces d'après Elsheimer: Junon, Vénus, Pallas, le Satyre et le Villageois. P. in 4. en tr.

JONAS UMBACH, Peintre, Dessinateur et Graveur à l'eau forte, naquit à Augsbourg en 1624. et mourut dans la même ville vers la fin du dernier siècle. Umbach mérite d'être rangé dans la classe des bons artistes allemands. Ses tableaux sont assez rares; ils consistent

J. UMBACH.

en pièces de cuisines, de volailles, d'animaux &c. Ses dessins, qu'il a exécutés au crayon noir, sont très-recherchés, et offrent une grande variété de sujets. Il en a gravé lui même 111. pièces, la plupart de petit format, et exécutées d'une pointe facile et spirituelle.

1. La Vierge tenant l'enfant Jesus. J. Umbach. acqua forti. In 12.
2. Sainte Famille. J. Umbach, aqua forti. In 12.
3. La Madeleine pénitente. In 12.
4. Saint Pierre pleurant. De même.
5—8. Quatre pièces de l'histoire du Samaritain charitable. In 12. en tr.
9—12. Quatre pièces, représentant divers Jeux d'Enfant. In 12. en tr.
13. Triomphe des Divinités marines, où se voit sur le devant une Riviere appuyé sur son Urne. In 8. en t.
14. Divinités marines, occupées à la pêche. In 8. en tr.
15. Un Satyre avec une femme et trois enfans. In 8. en tr.
16. Les Dénicheurs d'Oiseaux. In 8.
17. Les Preneurs d'Oiseaux à la glu. In 8.
18. Le Chasseur à l'affut, à côté de lui un Berger. In 4.
19—22. Quatre Paysages ornés de ruines et de monumens antiques, avec des figures champêtres et pastorales, petit in 4. en tr. portant pour titre: Jonas Umbach in Augsbourg 1678. In 4.

Jolies pièces.

J. Lingelbach. L. Backhuysen.

Jean Lingelbach, Peintre de genre et de paysages, naquit à Francfort sur le Mein en 1625. et mourut à Amsterdam en 1687. Dans sa jeunese il voyagea en Hollande et en France, où il travailla quelque tems. De-là il passa en Italie, l'objet de ses désirs. Là il etudia avec une grande assiduité. Il peignoit des Marines et des Ports, qu'il ornoit de petites figures spirituelles. Il introduisoit aussi dans ses compositions, tantot des arcs-de-triomphe et des ruines, tantôt des fontaines et des édifices, tantôt des statues de métaux et de pièrres, tantôt des foires et des places publiques,' avec des Charlatans et des Predicateurs qui attirent le peuple, tantot des marchés aux legumes et des boucheries, tantôt des chasses et des paysages, ornés d'éxcellens animaux. En général rien de mieux entendu que ses tableaux, par la dégradation des couleurs et par la fertilité de son génie.

Cet artiste mérite d'occuper une place ici, ayant gravé à la pointe d'un goût très-spirituel quelques Marines et Paysages.

Ludolphe Backhuysen, Peintre de Marines, né à Embden en Westphalie en 1631. et mort à Amsterdam en 1709. La nature avoit marqué sa vocation. A l'âge de dix-neuf ans, sans instruction, il dessinoit les marines d'une maniere si piquante, qu'il vendit un dessin jusqu'à cent florins. Aldert van Everlingen l'instruisit dans la maniere de traiter les couleurs à l'huile. L'envie d'imiter parfaitement la nature dans le genre qu'il avoit choisi, lui fit souvent courir risque de la vie. Dès qu'il s'élevoit un orage, il montoit une chaloupe et se faisoit conduire dans la haute mer pour observer de près le terrible de la tempête. Souvent les mariniers, qui voyoient le danger, le ramenoient malgré lui sur le rivage. Ses tableaux furent très-estimés même de son vivant: le Magistrat d'Amsterdam lui paya 1300. florins une de ses marines, pour en faire présent à Louis XIV. Excellent coloriste, son dessin est correct, et sa composition est plein de feu.

Backhuysen, à l'âge de 71. ans a gravé à l'eau forte diverses petites vues de l'Y; petit bras de mer près d'Amsterdam.

I. JEAN-HENRI Roos, Peintre et Graveur à la pointe, né à Otterdorf dans le Palatinat en 1631. et mort à Francfort en 1681. Il fut disciple de Julien du Jardin, peintre d'histoire, puis d'Adrien de Bie, peintre de genre. Roos avoit un talent décidé pour peindre le paysage et les animaux, particulierement les chevaux, les bêtes à cornes et à laines, ainsi que les chèvres. Il peignoit ses animaux dans les positions les plus singulieres, et toujours, quelque difficiles qu'elles fussent, avec la plus grande correction de dessin. Roos a aussi peint des portraits avec succès ; celui de l'Electeur de Mayence réussit singulierement et lui attira d'illustres pratiques, qui payerent le peintre en prince. Ce succès ne l'empêcha pas de reprendre le pàysage et les animaux: l'amour du gain céda au plaisir de suivre la maniere que la nature lui avoit indiquée. Une couleur vigoureuse, des arbres dont les formes sont de choix, une touche décidée, le grand goût de dessin avec lequel il à traité les animaux, fout le mérite principal de ses ouvrages. Rose s'étant établi à Francfort, commençoit à jouir du fruit de son travail et de son talent, lors qu'en un jour il perdit sa fortune avec la vie. Dans un grand incendie qui consuma une partie de la ville de Francfort, Roos y périt étouffé par la fumée, en voulant sauver de la flâme quelques effets précieux.

On a de sa main plusieurs belles eaux fortes, dans lesquelles on admire la judicieuse distribution des jours et des ombres et l'heureuse exécution de tout le travail.

1—8. Suite de huit feuilles, portant pour titre: Quelques Animaux tirés au vif et gravés sur le cuivre, avec étude et travail, par Joh. Hein. Roos. M. D. C. LXV. In 4. en travers.

9—20. Suite de douze feuilles d'Animaux domestiques. In 4. en hauteur.

21—22. Deux grands Paysages, ornés d'animaux et de ruines antiques.

23. Un Berger endormi au pied d'un monument à côté de son troupeau. H. Roos fe.

II. PHILIPPE ROOS, dit ROSA DE TIVOLI, fils de Jean-Henri, naquit à Francfort en 1655. et mourut à Rome en 1705. Instruit dans l'art par son pere, il montra du génie dans sa plus tendre jeunesse. Sur ses prèmieres productions, le Landgrave de Hesse-Cassel le fit voyager à ses frais en Italie, àcondition, qu'à son retour il se rendroit à sa residence. Roos ne paya son bienfaiteur que d'ingratitude; loin de remplir ses engagemens, il se montra personnellement grossier vis-à-vis du Landgrave, qui étoit venu passer quelque tems à Rome. Après avoir épousé la fille du peintre Hyacinthe Brandi, malgré le consentement du pere, il s'établit à Tivoli. C'est de là qu'il reçut le surnom de Rosa de Tivoli; et c'est là qu'il entretint différentes sortes d'animaux pour les peindre d'après nature. Philippe vecut toute sa vie en franc libertin, et mourut à Rome avec la réputation d'un habile artiste et d'un fameux débauché. Membre de la bande si décriée des Peintres Flamands, comme sous le nom de Schilderbent, il y avoit reçu le nom de Mercure. Il travailloit avec une vîtesse incroyable; mais cette prestesse ne diminuoit en rien le mérite de ses tableaux. Sa touche est large et moëlleuse, et ses compositions prouvent son bon jugement. Ses ouvrages, tout nombreux qu'ils sont, trouvent toujours des amateurs.

Philippe à gravé d'une pointe très-délicate quelques estampes; et peu de peintres qui ont manié eux-même cet outil, ne le surpassent dans la composition et dans l'exécution. Tous ses sujets sont empruntés de la vie pastorale; cependant quelques unes de ses compositions tiennent du style héroïque. On est fâché seulement, que le nombre de ses eaux fortes ne soit pas plus considérable. Plusieurs graveurs ont travaillé d'après ses tableaux, P. Monaeo, W. Elliot, et surtout les Prestel, mari et femme.

III. Jean Melchior Roos, Peintre et Graveur à la pointe, naquit à Francfort sur le Mein en 1659. et mourut en 1731. Fils de Henri & frere de Philippe, il fut disciple de son pere, et montra dès sa jeunesse de grands talens pour la peinture. Il fit un voyage en Italie, et à son retour il s'arrêta à Nuremberg, où il se maria, et où il peignit pendant quelque tems le portrait et l'histoire. Ensuite il ne s'occupa plus qu'à peindre des animaux. Le Musée de Cassel offre aux curieux un très grand tableau, qui montre toute sa force dans ce genre, et qui occupa pendant deux ans son pinceau. Dans ce tableau le peintre a représenté tous les animaux de la menagerie du Landgrave d'alors. — Melchior avoit une touche hardie et moëlleuse, et il manioit le pinceau avec autant de prestesse que son frere; heureux s'il n'avoit pas eu aussi le goût de la débauche comme son frere.

En fait de gravure nous ne connoissons que le morceau suivant, exécuté d'une pointe très spirituelle.

1. Un Taurreau debout, vu de face. J. M. Roos fec. 1685. In 8.

JEAN-PHILIPPE LEMBKE, Peintre et Graveur à la pointe, naquit à Nuremberg en 1631. et mourut à Stock. Il apprit les principes de l'art dans sa patrie chez Matthieu Weyer et chez George Strauch. Les ouvrages du Bourguignon et du Bamboche furent les objets de son imitation, à force d'étudier ces grands modeles, il devint un habile peintre de batailles. Fecond en belles inventions et en savans mouvemens, il peignit des chasses, des siéges, des marches, des escarmouches et des batailles. Lembke fut appelé a la Cour de Suéde en qualité de Peintre du Roi. Les deux Galeries du Chateau Royal de Drottingholm offrent des preuves convaincans de sa capacité. Cependant cet artiste mourut à Stockholm, à la honte de son siècle, suivant l'expression du Comte de Tessin, à l'âge de 90. ans dans la plus grande indigence.

Quelques estampes qu'il a gravées d'une pointe spirituelle, lui ont mérité une place dans notre Manuel.

I. George-Andre Wolfgang, Orfèvre, Graveur au burin et en maniere noire, naquit à Chemnitz en Saxe 1631. et mourut à Augsbourg en 1716. Après avoir gravé sur des lames d'épées et sur d'autres armes, il apprit la gravure sur cuivre de Matthieu Kusell avec beaucoup de succès. Ses ouvrages consistent en sujets historiques, en Thèses et en portraits. Wolfgang le vieux fut le premier à Augsbourg qui grava en manière noire; mais les pièces qu'il donna dans ce gen-

genre ne peuvent gueres passer que pour des essais. Il a travaillé d'après J. H. Schoenfeld, J. Umbach, Jos. Werner, &c.

1. George-André Wolfgang, Sculptor Augustanus. J. M. Roos pinx. A. M. Wolfgang fil. del. et sc. 1690. in 4.
2. Georg Friedericus, Markgraf von Brandenburg. C. Zierl pinx. Gr. in fol.
3. Pierre Muller, Jurisconsulte. In 4.
4. Grand Sacrifice à Diane. J. H. Schoenfeld pinx. 1661. Gr. in fol.
5—14. Dix pièces représentant des Sujets de l'ancien et du nouveau Testament, ornées d'architecture et portant sur le devant des Cartouches sans inscription. Jon. Umbach del. In 8.
15. Le Roi Saul consultant l'ombre de Samuel. Jos. Werner pinx. Gr. in fol.

II. ANDRE-MATTHIEU WOLFGANG fils aîné de George-André graveur au burin né à Augsbourg en 1662. et mort dans la même ville en 1735. Il apprit les élémens du dessin et la gravure de son pere. Dans un voyage qu'il fit en Angleterre avec son frere, Jean-George, ils furent interceptés tous deux par des pirates Algériens dans leur trajet en Hollande et conduits à Alger en captivité. Le pere ayant payé leur rançon quelque tems après, les fit revenir à Augsbourg, où André-Matthieu est resté constamment. Il a gravé nombre de portraits dont celui du Marggrave d'Anspach passe pour le meilleur. Il publia aussi la Cour d'Alger, où il s'est representé lui même comme esclave.

1. Nicolaus Nieremberger, Eccles. Ratisbon. Minist. In 4.
2. Johannes Georgius Büttner, Ecclesiae Francof. Pastor. August. Vindel. In fol.
3. Christoph Rad, Jubilier, und des innern Rath zu Augsbourg. Isaac Fescher jun. pinx. In fol.
4. Balthasar von Schnurbein, des innern Raths von Augsbourg. Id. pinx. In fol.
5. Gothofredus Amman, Patricius Augustan. Id. pinx. 1701. In fol.
6. Adrian Steger, Burgermeister zu Leipzig. D. Hoyer pinx. In fol.
7. Carolus VI. Roman. Imperator &c. &c. En maniere noire. Gr. in fol.

III. JEAN-GEORGE WOLFGANG, fils cadet de George-André, dessinateur et graveur au burin, naquit à Augsburg en 1664. et mourut à Berlin en 1748. Il eut les mêmes instructions que son frere et fut comme lui réduit à l'esclavage à Alger. Au retour de sa captivité, il fut appelé à Berlin et nommé en 1704. Graveur de la Cour. Là il publia plusieurs ouvrages, parmi lesquel on estime surtout le morceau qui represente l'Electeur Fréderic-Guillaume, d'après la statue équestre, coulée en bronze par Jacobi. Parmi les Wolfgang on estime particulieremt Jean-George. A la plûpart de ses portraits les chairs sont pointillées avec beaucoup de delicatesse.

1. Joannes-Nicolaus-Alexander Maurocordato de Scarlati, Vallachiae Princeps. Berlin. 1721. In 4.
2. Agustus Hermannus Franckius, Theologiae Professor in Acad. Hallensi. Berlin 1729. In 4.
3. Johann Gustav Reinbeck, Kœnigl. Preuss. Consistorial-Rath. 1729. In 4.
4. Philippe Jacob Spener, e Consiliis sacris et Praepositus &c. Joh. Heinrich Schwartz pinx. Berlin. In fol.
5. M. Gottfried Lomer, Diener Christi in der Evangelischen Kirche zu Augsbourg. Isaac Fischer jun. pinx. Berlin. In fol.
6. Johannes Melchior Dinglinger, Artifex. Ant. Pesne pinx. 1722. In fol.
7. Augustus Wilhelmus, Dux Brunsvicensum et Luneburg. Franck pinx. Brunsv. 1719. In fol.

IV. GUSTAVE-ANDRE WOLFGANG, fils d'André-Matthieu, habile peintre en miniature et graveur au burin, dont les portraits sont exécutés avec beaucoup de finesse, et les chairs gravées dans la maniere pointillée; naquit à Augsbourg en 1692. Il travailla longtems à Berlin auprès de son oncle. Après un assez long séjour dans cette résidence, il se retira dans sa patrie où il vivoit encore dans en 1766.

Gust. And. Wolfgang.

1. Joannes Augustus Urlsperger, Diacon. Anton. Graff pinx. In 12.
2. Georg Wilhelm zu Stubenberg, im neunten Jahr seines Alters. In 4.
3. Jacobus Bruckerus, Augustæ Vindelic. Consist. Assessor. J. J. Haid pinx. 1740. in 4.
4. François Reyter, Admiral pour l'Armée navale angloise en Afrique. In 8.
5. Wolfgangus Jacobus Sulzer, Reipublicae Augustanae Decemvir. G. Eichler pinx. 1742. In 8.
6. Carl, Freyherr von Stein. G. Petit in fol.

www.ingramcontent.com/pod-product-compliance
Lightning Source LLC
Chambersburg PA
CBHW070608160426
43194CB00009B/1224